KB236686

일의

한

끗

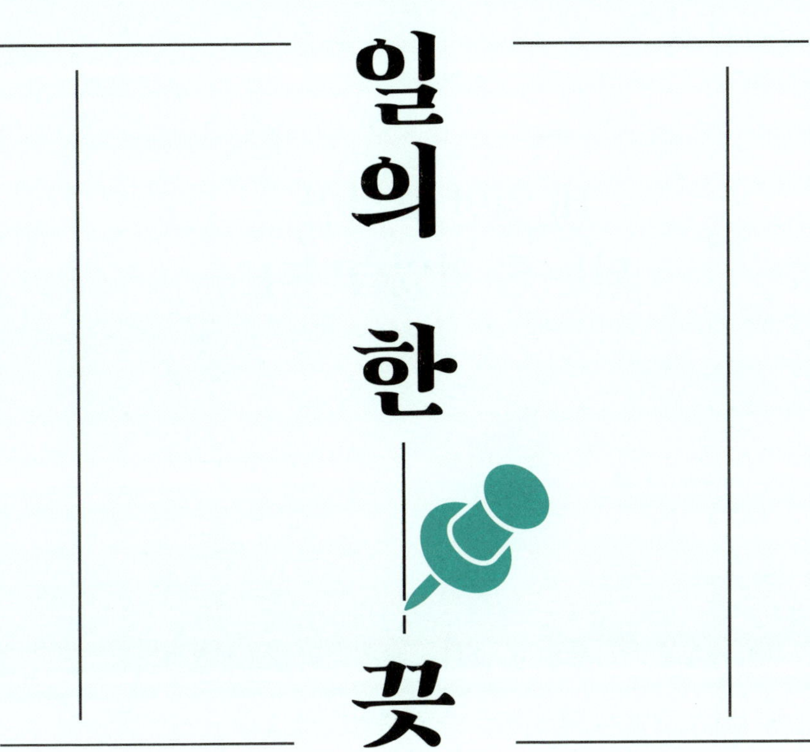

김경미 지음

경이로움

내 일만 잘하면
되는 줄 알았습니다

사회 생활을 시작했을 때, 오피스 룩을 차려입고 전문가처럼 일하며 인정받고, 정시 퇴근 후 저녁이 있는 삶을 누리는 근사한 직장인이 될 줄 알았다. 지각하지 않고, 보고서를 기한 내에 제출하고, 맡은 업무를 실수 없이 처리하면 충분할 것이라고 생각했다. 하지만 현실은 달랐다. 상사의 한마디, 동료의 표정 하나에 하루가 흔들리고, 때를 놓친 말이 생각나서 후회하고, 보고 한 번 잘못했다가 일주일 내내 마음이 무겁기 일쑤였다. 업무 스킬을 갈고닦기 위해 다양한 교육에 참여하고 책도 읽어가며 노력했지만, 잠깐의 만족감과 일의 속도가 조금 빨라질 뿐 상황은 좀처럼 나아지지 않았다. 성실하게 열심히 하고 있다고 생각했는데, 평가와 인정은 기대만큼 따라오지 않았다.

열심히 하는데도 나아지지 않는 이유는 노력과 실력이 부족해서가 아니라, '센스' 유무 때문이었다는 사실을 한참이 지나서야 깨달았다. 상사에게 보고하는 방식, 회의에서 질문에 대응하는 태도, 동료와 협업할 때 건네는 말 한마디가 성과만큼이나 중요했다.

같은 일을 해도 누구는 "역시 믿을 만하다"라는 말을 듣고, 누구는 "조금 아쉽다"라는 평가를 받는다. 그 차이는 거창한 능력이 아니라, 아주 작은 한 끗에서 갈린다.

성실한 직원일수록 눈앞의 일에 매몰되어 주변을 돌아보지 못한다. 더 잘하려고 하다가 보고 타이밍을 놓치고, 누구에게 질문해야 할지 몰라 허둥대며, 상사의 지시에서 핵심은 놓친 채 부차적인 일에 매달린다. 파워포인트, 엑셀, 디자인 실력을 키운다고 해결되는 일이 아닌데, 다른 우물을 파고 있는 직장인들이 여전히 많다.

내가 발견한 '일의 한 끗'은 거창한 기술이 아니었다. 상황을 한 번 더 살피는 관찰, 타이밍을 읽는 준비, 상대의 입장을 고려한 표현, 일을 구조화하는 업무 습관 같은 아주 작은 차이였다. 그 작은 차이가 결과를 바꾸고, 평가를 바꾸고, 결국 커리어의 방향을 바꿨다.

'센스 있게 일한다'라는 평가를 받는 상사나 동료를 보며 배우고 싶어도, 태생부터 다르다는 생각이 들어 시도조차 어려운 경우가 많다. 어디서부터 어떻게 시작해야 할지 막막한 마음이 더 크다. 상황을 읽고 대응하는 '센스'는 눈치껏 배울 수도 없고, 혼자 터득해도 올바른 방향인지 알 수 없다. 센스의 영역을 코치해 줄 사수가 곁에 있으면 좋겠지만, 그런 사수를 찾아보기 힘들뿐더러 있다고 하더라도 그들 역시 자기 업무로 늘 바쁘다. 나도 마찬가지였다. 결국 사수에게 기대기보다 스스로 그 길을 개척해야 했다.

그러다 몇 차례 일 센스가 무엇인지 깨달을 기회가 있었는데, 의외로 작은 차이가 결과를 크게 좌우한다는 사실을 알게 되었다. 그 뒤로 차곡차곡 노하우를 쌓아 나갔다.

그 작은 차이를 '일의 한 끗'이라 부르게 되었고, 이 책에 감(感)에 기대는 이야기가 아니라, 행동할 수 있는 구체적인 방법을 담고자 했다. 관찰하는 법을 배우고, 준비의 타이밍을 익히고, 표현을 조율하며, 일을 구조화하는 방법을 차근차근

   들어가는 말

정리했다.

한 가지 분명한 점은 일 센스를 키우는 데 늦은 때란 없다는 것이다. 연차와 상관없이 당장 지금부터 시작해도 된다. 이 감각은 엑셀 함수나 챗GPT 프롬프트를 배우는 것보다 더 쉽게 익힐 수 있다. 잘못과 실수의 영역이 아니기 때문이다. 단지 관찰력, 타이밍, 표현 방식을 다르게 적용하면 될 뿐이다.

그래서 나는 직장인들을 위해 언제 어디서든 펼쳐볼 수 있는 '쉽게 따라 하는 일 센스'와 관련된 책을 쓰게 되었다. 20여 년간 세 곳의 직장을 지나오는 동안 주변 선배들을 따라 하기도 하고, 여기저기에서 보고 들은 것들을 실천하며 여러 시행착오를 겪었다. 그렇게 장기간 직접 노력하며 터득한 방법을 이 책에 정리했다. 수많은 상사, 동료들과 부딪히며 깨달은 일 센스의 본질과 더불어 누구나 연습하고 체화할 수 있는 구체적인 방법을 담았다. 상사의 말 한마디, 회의에서의 반응, 메신저 한 줄까지 다루는 '실천 가능한 행동'을 제시한다. 관찰 센스, 준비 센스, 표현 센스, 업무 센스, 마지막 상사 유형별 보고 센스까지, '센스로 통하는 일'을 보여준다. 업무 현장에서 통하는 일 센스는 분명히 있다.

PART 1에서는 왜 '작은 차이'가 큰 차이를 만드는지 짚고, PART 2에서는 바로 써먹을 수 있는 관찰·준비·표현·업무 센스를 구체적으로 정리했다. 그리고 PART 3에서는 상사 유형별로 다르게 통하는 보고의 한 끗을 다루었다. 같은 보고도 누구에게 하느냐에 따라 전략이 달라지기 때문이다.

혹시 지금 "왜 내 노력은 알아주지 않을까?", "나는 왜 매번 같은 벽에 부딪힐까?" 같은 고민이 있지는 않은가? 그렇다면 이 책이 작은 힌트가 될지도 모른다.

나 역시 수많은 장애물을 넘고, 깨지고 부딪치며 여기까지 왔다. 열심히 준비했는데도 상사의 반응이 시큰둥했고, 정답이라고 믿었던 방식이 오히려 동료와의 갈등을 일으키기도 했다. 그때마다 '왜 내 노력은 제대로 인정받지 못하는 걸까?'라는 질문이 따라붙었다. 시간이 지나면서 분명해진 사실은 하나였다. 일은 단순히 잘하는 것만으로 완성되지 않으며, 직장은 개인의 역량으로 굴러가는 곳이 아니라는 사실이다. 이렇게 직접 보고 배운 것들, 넘어지고 다시 일어났던 경험들, 그리고 결국 얻어낸 작은 통찰들을 모았다. 이 기록을 따라가다 보면, 아마 당신도 비슷한 장면에서 고개를 끄덕이게 될 것이다.

센스를 발휘할 때, 일이 당신 편이 되고, 사람이 당신 편이 된다. 그리고 그 순간부터 당신의 커리어는 전혀 다른 길을 걷게 될 것이다. 그러니 너무 조급해하지 않아도 된다. 서툴러도 조금씩 시도하면서 나아가는 과정 자체가 일 센스를 갈고닦는 방법이다. 센스는 타고나는 재능이 아니라 누구나 익힐 수 있는 힘, 훈련으로 축적되는 역량이다. 이 책이 그 길에 작은 동반자가 되어줄 것이다. 그러니 지금의 막막함에 머무르지 말고, 한 걸음씩 따라와 주기를 바란다. 당신의 노력이 더는 헛되지 않도록, 이제 일에 '한 끗'을 더해줄 차례다.

2026년 봄
김경미

목차

들어가는 말 내 일만 잘하면 되는 줄 알았습니다   4

PART 1

일 센스, 작은 차이가 큰 차이를 만든다

일 센스 그게 대체 뭐길래   17

경력이 쌓이면 저절로 될까요?   23

타고나지 않아도 괜찮습니다   28

알려주기만 기다리면 배울 수 없어요   33

완벽한 자료보다, 제때 하는 보고가 낫습니다   39

직장인의 가장 조용하고 강력한 무기   44

PART 2
배우면서 바로 써먹는
일 센스

CHAPTER 1 — 사방이 자원이 되는 관찰 센스

(살피기) 무슨 일이 있었나요?　51

(욕구 파악) 듣는 사람의 가려운 곳을 긁어주세요　56

(시간 공략) 타이밍만 잘 잡아도 성공합니다　62

(관계) 상사의 인맥, 나에게도 득이 됩니다　67

(정보 수집) 더듬이, 안테나 모두 바짝 세워 보세요　73

(정보 활용) 알아두면 쓸 데 있는 생활 정보　77

CHAPTER 2 — 작은 것으로 큰 효과를 보는 준비 센스

(비교 자료) 상사는 지난 일이 궁금합니다　82

(자료 준비) 상사의 시력을 지켜주세요　90

(자료 분류) 무지갯빛 인덱스의 힘　94

(계획) 당신의 탁상 달력엔 무엇이 적혀 있나요?　101

(계획) 퇴근 10분 전, 내일의 나를 구해주세요　106

(예측) 작은 루틴, 나부터 시작해 보세요　110

(도구 활용) 주머니 속 펜 하나의 쓸모　117

CHAPTER 3 — 한 마디도 임팩트 있게, 표현 센스

(답하기) A를 물으면 A' 말고 A+α로 답하세요   122

(대안 제시) '어찌 하오리까?' 문제만 말하지 마세요   130

(인정) 칭찬은 상사도 춤추게 합니다   136

(공유) 왼손이 한 일은 오른발도 알게 하세요   142

(확인) 문을 나서며 이 말을 꼭 하세요   147

(틈새 공략) 엘리베이터 틈새 공략   154

CHAPTER 4 — 퇴근 시간 당겨주는 업무 센스

(멘트) 바로 쓰는 상황별 메시지 보고 프롬프트   161

(파일 정리) 검색 시간 줄이는 파일 정리   177

(메신저 활용) 메신저는 나만의 비서   182

(업무 분장) 진정한 휴식을 위한 분신술   194

(협업) 콩고물을 함께 나눌 파트너는 누구인가   204

PART 3

상사도 훔쳐보는 '상사 유형별' 보고 센스

CHAPTER 1 — 성과·실행 중심형 상사

(성과 지향형) 비교할 수 있는 데이터를 준비하세요   213

(문제 해결형) 대안을 가지고 보고하세요   219

(실무 숙달형) 구체적인 계획과 예상 결과를 보여주세요   225

CHAPTER 2 — 안전·통제 중심형 상사

(안전 지향형) 업무 진행 과정을 수시로 공유하세요　　232

(완벽주의형) 흠 잡히기 전에 여지를 남겨두세요　　236

CHAPTER 3 — 관계·소통 중심형 상사

(관계 중심형) 주변 사람들의 반응을 알려주세요　　244

(자리 비움형) '5분이면 됩니다'로 시작하세요　　250

(거절 못함형) 상사가 친 사고를 최대한 빨리 파악하세요　　256

CHAPTER 4 — 회피·감정 중심형 상사

(대답 회피형) 짜장이냐 짬뽕이냐 선택지를 제시하세요　　264

(나 몰라라형) 상사의 개입이 필요한 일을 정확히 짚어주세요　　272

(내 마음을 맞춰봐형) "~하게 해보겠습니다"라고 방향성을 알리세요　　277

(기억 상실형) 지시받은 일을 반드시 기록으로 남기세요　　284

(감정 기복형) 기분파인 상사, 보고 타이밍이 중요합니다　　291

나가는 말　일 센스, 당신의 날개가 됩니다　　296

PART 1

일 센스,
작은 차이가
큰 차이를 만든다

일 센스
그게 대체 뭐길래

실장　　　"외래 진료 유지율이 낮은데, 좋은 아이디어 없나요?"

회의가 거의 끝나갈 무렵 실장님이 말을 꺼냈다. 몇 주째 제기되는 문제였지만 뾰족한 해결책이 없는 상황이었다. 그때 이 주무관이 조심스럽게 말했다.

이 주무관　"아이디어 수준이지만 잠깐 말씀드려도 될까요?"

그는 결재판에 끼워두었던 한 장짜리 자료를 조용히 테이블에 내밀었다. 제목, 표, 흐름도, 아이디어 설명 세 줄이 전부였다. 실장님은 자료를 보고 고개를 끄덕이며 말했다.

"그래, 고민하면 간단한 개선안이 나와요. 시도해 볼 만한데? 연계팀에서 좀 더 발전시켜서 다음 주에 논의할 수 있게 보고서로 준비해 봐요. 시키지 않아도 알아서 하는 사람이 있으니 얼마나 다행이야."

한편, 김 주무관은 이 안건이 처음 언급되던 몇 주 전부터 논문을 찾고, 해외 사례를 검색하며 20장이 넘는 PPT 자료를 만들고 있었다. 사무실 컴퓨터에 거의 완성된 자료가 고이 담겨 있었지만, 적어도 그 순간에는 무용지물이었다. 한숨만 나오는 상황이지만 어쩌겠는가, 이미 타이밍을 놓쳤다.

김 주무관 또한 성실했고, 적극적이며 자발적으로 일했다. 하지만 아무도 모르게 조용히 열심히만 했다. 반면, 이 주무관은 회의에서 언급될 안건을 예상하고, 흐름에 맞는 간단한 자료를 준비해 기막힌 타이밍에 발언함으로써 주목을 받았다. 김 주무관이 이 주무관의 감각까지 겸비했더라면, '일 잘하는 직원'이라는 극찬을 받을 수 있었을 것이다. "이 주무관은 참 센스 있어." 회의실을 나서며 들린 그 말이 김 주무관은 유독 서글프게 느껴졌다.

콘퍼런스 행사를 준비하는 유 팀장, 모든 과정과 결과가 자신의 마음대로 되기를 바라는 대표님의 마음을 읽기 위해 애쓴다. 그 마음을 짐작하기란, 사춘기 아이의 속내를 맞히는 것보다 더 어렵다. 도시락을 준비하겠다고 말했더니, '식사까지 주냐'는 핀잔을 들었다. 최근 이슈를 반영해서 선정한 특별 강연 주제 몇 가지를 보고하자, '그 주제를 또 반복하느냐'는 기운 빠지는 말이 돌아왔다. 기념품을 제작해서 홍보라도 거창하게 해볼까 했더니 '기념품은 식상하니 다른 걸 생각해보라'는 지시가 떨어졌다. 휴. 그럴 거면 주제, 식사, 기념품 종류까지 처음부터 전부 정해주시지. 이 모든 게 뜬구름 같은 계획은 아닌지 의심스럽고, 계획서는 몇 번을 버전 업해야 할지 막막하다. 결국 초안으로 돌아오면 허무할 텐데…. 출력해서 참고용으로 준비한 자료들이 뒤엉켜 버렸고, 사무실에 들어서자마자 그 자료들을 파쇄기에 밀어 넣으며 생각했다. '이제 꼴도 보기 싫다.'

그런데, 시리즈 이벤트를 준비하던 은 팀장은 대표님께 한 번에 오케이를 받았다. 도대체 나와 뭘 다르게 했길래? 어떻게 말했길래, 어떤 자료를 준비했길래?

유 팀장의 열심이 부족했던 게 아니라 그 열심을 드러내는 방법을 아직 몰랐을 뿐이다.

말하지 않아도 척척 해내는 직원, 말 한마디로 얼어붙은 회의 분위기를 전환시키는 직원, 혼이 날 뻔한 동료를 센스 있게 구해내는 직원. 이들이 가진 '일 센스'는 어디서 오는 걸까? 이는 타고나는 재능의 영역이 아니다. 끊임없이 관찰하고, 반응하며 경험으로 쌓는 시간의 산물에 가깝다. 이렇듯 일 센스의 영역을 알아차리고 연습했는지에 따라 회사 생활의 결과는 확연히 다른 양상을 보인다.

특히 보고 자리에서 이 차이가 더욱 극명히 드러난다. 반응 없이 듣기만 하는 상사, 브리핑 중 뒤쪽 자료만 뒤적이는 상사, 불만족스럽다는 말투로 "알아서 해봐"라고 답하는 상사, 제대로 듣지도 않고 "좀 더 고민해 보라"고 하는 상사…. 하나같이 쉽지 않다. 일이 다음 단계로 넘어 가기 위해서는 상사의 확인이 필요한데 실무자들은 난감한 상황을 수시로 마주하게 되니, 이때야말로 실무자들의 일 센스가 절실하다. 보고 장면이 센스의 정점인 이유다.

조금 부족해도 충분히 센스 있게 상황을 넘길 수 있고, 준비가 덜 됐더라도 상사를 안심시키며 일을 끌고 갈 수 있다. 일도 가성비가 좋아야 할 맛이 난다. 상황을 읽고, 자원을 활용하며, 상사의 업무 스타일에 맞춰 더 효율적이고 편안하게 일할 수 있다면 얼마나 좋을까? 치열한 경쟁률을 뚫고 입사

한 직장인이라면 이미 역량은 검증된 셈이다. 하지만 냉혹한 현실에서는 준비를 열심히 해놓고 때를 놓치거나, 타이밍을 잘 잡았어도 보고가 엉성해서 낭패를 보는 일이 발생한다. 공무원으로 임용된 직후, 30년 차 선배가 해준 말이 아직도 기억난다.

선배 "모든 일은 보고로 시작해서 보고로 끝난다고 생각하면 돼. 특히 문제가 생겼을 때는 그 즉시! 그리고 잘한 일도 꼭 보고해야 일이 확장되거나 시너지를 낼 수 있으니까 명심해, 보고하고 또 보고해. 꼭!"

회사에서 두각을 드러내는 사람들을 보면 공통점이 있다. 기민하게 분위기를 읽고 움직이고, 상황에 맞는 말 한마디로 흐름을 바꾸며, 위기에 처한 동료를 자연스럽게 돕는다. 사람들은 이를 두고 흔히들 "센스 있다"라고 표현한다.

그렇다면 '일 센스'는 정확히 무엇일까? 일 센스는 눈치나 요령의 다른 말이 아니다. 타고난 재능도, 단순한 경험 연수의 결과도 아니다. 보고 한 줄, 회의 중 짧은 대답, 사소한 메신저 메시지 속에서 드러나는 관찰력·타이밍·표현 방식의 조합이다.

다시 말해, 센스는 배울 수 있고 연습할 수 있는 '일의 기술'이다. 일 센스는 업무 성과뿐 아니라 사람들과의 관계와 협업까지 좌우한다. 그래서 '일만 잘하면 된다'라는 믿음만으로는 결코 채워지지 않는다. 결국 직장에서 살아남고 성장하는 데 필요한 것은 성실함과 더불어, 작은 차이를 만들어 내는 이 감각이다.

제때에 적절한 내용으로 보고하고 피드백을 받을 수 있는 바로 그 감각을 키우는 연습이 꼭 필요하다. "담당자 생각은 어때요?"라는 갑작스러운 질문에 "아, 그게요…"라며 말을 흐리던 사람이 근거 자료가 없어도 "저는 일정을 당기는 시도를 해봐도 좋다고 생각합니다"라고 명쾌하게 대답하는 사람으로 180도 달라질 수 있다.

  PART 1 일 센스, 작은 차이가 큰 차이를 만든다

경력이 쌓이면
저절로 될까요?

입사 6개월 차 신입이 선배보다 더 센스 있어 보이는 순간을 목격한 적이 있는가? 경력이 쌓이면 감각도 자연스럽게 따라온다고 믿기 쉽다. 그러나 실제 현장에서는 센스 있게 일하는 태도와 연차가 쌓이는 시간 사이에는 뚜렷한 상관관계가 보이지 않는다.

박람회 콘텐츠 구성을 논의하던 자리에서 부서장이 의견을 물었다. 10년 차 담당자가 대답하고, 16년 차 직원이 이어서 덧붙였다.

 "담당자가 그렇게 하겠다는데, 그 방법이 제일 좋지 않

겠습니까?"

경험 많은 직원의 답변은 무난했지만, 새로운 방향을 제시하지는 못했다. 그런데 입사 6개월밖에 안 된 신입 직원은 달랐다.

신입 직원 "담당자께서 말씀하신 내용도 좋고, 특히 시민 인터뷰 영상을 상영하는 부분이 인상적이었습니다. 여기에 SNS용 사진 배경 판을 설치하면 MZ세대의 흥미 유발이나 홍보 효과가 더 클 것 같습니다."

6개월 차 신입의 대답은 특별한 참고 자료나 풍부한 경험에서 나온 것이 아니었다. 그저 회의 내용을 잘 듣고, 자신의 생각을 짧게 덧붙여 말했을 뿐이다. 하지만 이 차이가 컸다. 16년 차 직원은 과거 경험을 근거로 의견을 제시했지만, 결국 현재 상황에 맞는 해결책보다는 훈수에 가까웠다. 반면 신입은 '내가 담당자라면 어떻게 할까'라는 태도로 접근했고, 콘텐츠가 제대로 구현될 수 있을지 염려하던 상사의 고민까지 궁리한 흔적이 보였다.

단순히 일이 굴러가게 만드는 것과, 자연스럽게 반응하며 상사의 입장을 고려하는 것은 하늘과 땅 차이이다. 16년 차 직원은 일을 결재만 받으면 되는 미션으로만 생각했고, 상사 입장에서 생각하는 연습을 해본 적은 거의 없었다. 반면 신입은 평소에도 '내가 담당자라면?'이라는 마음가짐으로 일했고, 본받을 만한 선배의 행동을 관찰했으며, 자신의 일에 피드백을 구하며 적극적인 자세로 임했다. 이러한 태도의 차이가 결국 대답의 차이를 만들었다.

비슷한 장면은 실장에게 보고하는 자리에서도 있었다. 13년 차 직원은 수치와 현황만을 간단히 나열하고 "이 정도로 정리했습니다"라며 보고를 마쳤다. 하지만 1년 차 직원은 유사한 형태의 자료를 설명할 때 특별해 보이지 않는 한마디를 덧붙였다.

1년 차 직원 "이 페이지는 실장님이 이전 회의에서 피드백하셨던 내용이라 보강했습니다."

상사의 관점을 염두에 두고 준비했다는 것을 드러낸 멘트다. 보고 내용 자체는 큰 차이가 없었지만, 상사의 눈에는 누가 더 믿음직스러워 보였을까? 단순히 자료를 전달하는 것과 상대의 시선을 고려한 준비 사이에는 분명한 차이가 있었다.

신입 직원들은 아직 부족한 점이 많다. 보고서 작성은 서툴고 프레젠테이션 준비는 한 달이 걸릴 만큼 업무 기술 면에서는 미숙한 부분이 있다. 그러나 상사의 평가를 바꿔놓을 힘은 단순한 기술이 아니라 '태도'에서 나온다. 몇 달 지나지 않아 그 신입에게 "저 직원 괜찮네. 일을 할 줄 아는 것 같아"라는 평가가 뒤따른 이유가 여기에 있다.

물론 경력이 쌓이면 상대방이 말할 때 공감하지 못하더라도 고개를 끄덕이며 반응하는 정도는 누구나 하게 된다. 하지만 이런 대응을 두고 센스 있다고 표현하지는 않는다. 6개월 차 신입처럼 늘 상대방의 자리에서 일을 바라보려 노력하는 연습이 필요하다.

결국 센스는 상대방의 입장을 고려하는 태도에서 출발한다. 이 사실을 놓치면 아무리 경력이 쌓여도 경험과 기술만 늘 뿐, 일 센스는 제자리에 머문다. 상대방의 입장을 헤아리는 작은 말과 행동에서 나오는 습관으로 길러지는 것이지 시간이 지나면 저절로 따라오는 경력의 부산물이 아니기 때문이다. 경험의 양이 아니라 경험을 대하는 태도에서 비롯되기

         PART 1 일 센스, 작은 차이가 큰 차이를 만든다

에 똑같이 10년을 일해도 어떤 이는 신입처럼 보이고, 어떤 이는 인정받으며 일하는 것이다. 작은 차이를 의식하고, 상대의 입장에서 되새기며 자기 것으로 만드는 사람이 미래를 바꾼다. 당신은 어떤 쪽으로 기억되고 싶은가?

타고나지 않아도 괜찮습니다

직원 A   "강 팀장님은 언제부터 저렇게 일을 잘했을까요?"

직원 B   "그러게, 일을 잘하니까 상사도 예뻐라 하지."

직원 C   "이번 평가는 또 강 팀장님이 탑이겠네요."

회의실 한편에서 늘 이런 대화의 주인공이 되는 사람이 있다. 보고 때도 막힘이 없고, 정리와 전달까지 능숙한 모습은 선천적인 재능이 아니고서는 설명이 불가능해 보인다. 하지만 정말 그렇다면, 대부분의 직장인은 이미 희망이 없다는 말과 다르지 않다.

인생 역전의 신화를 쓴 사람들, 작은 기회를 붙잡아 역량을 발휘한 사람들 모두 처음부터 잘했을까? 결코 아니다. 자극을 그냥 흘려보내지 않고, 언뜻 보면 작은 차이를 행동으로 옮겼다는 점에서 갈림길이 생겼을 뿐이다. 마찬가지로 누구나 상사에게 칭찬받고, 회사에서 인정받으며, 성취감을 맛볼 수 있다. 타고난 조건은 바꿀 수 없지만, 일 센스는 스스로 만들어 갈 수 있는 영역이기 때문이다.

나 역시 첫 직장에서는 서툴렀다. 팀장의 말을 이해하지 못해 같은 일을 여러 번 다시 했고, 보고도 제대로 하지 못했다. 속으로는 '내가 그걸 어떻게 알아?', '알려주지도 않으면서 어떻게 하라는 거야?'라는 불만만 쌓여갔다. 하지만 팀장도, 선배들도 처음부터 모든 일에 능숙하지 않았다는 사실은 분명히 알고 있었다. 그들도 시행착오와 혼란을 겪었고, 그 과정을 견뎠기에 지금의 자리에 이르렀음을 알았지만, 정작 나는 내 코가 석자였다.

매일 혼나고, 일하는 재미를 전혀 맛보지 못하던 시기에 '이 일은 나와 맞지 않는다'라고 생각해서 퇴사를 고민했었다. 그 고민이 두 달 넘게 이어졌다. 하지만 도망치듯 나가고 싶지는 않았다. 그래서 퇴사 대신 다른 시도를 먼저 해보기로 했다. 퇴사는 마음만 먹으면 언제든 할 수 있으니, 마지막 카드로 남겨두고 싶었다. 일단 사수 팀장을 유심히 관찰하기 시작했다. 사수 팀장은 상사가 들어오면 가장 먼저 자리에서 일어나 맞았고, 웃으며 커피를 권했다. 나갈 때는 따라 나가며 가볍게 업무 이야기를 나눴다. 회의 자료 준비 방법, 동료의 일정을 챙기는 태도까지 눈에 담았고, 쉬워 보이는 것부터 그대로 따라 하며 조금씩 달라졌다.

"이건 잘했네! 거봐. 할 수 있잖아." 그렇게 들은 작은 칭찬 한마디가 자신감을 심어주었고, 점점 의욕에 불을 지필 수 있었다. 물론 팀장의 말에는 '그동안은 별로였어'라는 뉘앙스가 담겨 있었을지 모른다. 하지만 상관없었다. 어쨌든 기분은 좋았고, 이미 지난 과거는 중요하지 않았다.

탄력을 받아 문서 한 장을 작성할 때도 '이렇게 쓰면 보기 편할까? 아니면 이미지를 넣어볼까?' 스스로 고민했다. 빨리 끝내서 칭찬이 동반된 상사의 피드백을 받고 싶었다. 그리고 돌아온 정성스러운 피드백은 다시 성장의 동력이 되었다. 칭찬이 누적되니 동료와 상사의 신뢰가 느껴지기 시작했고, 실수조차 관대하게 넘어가 주는 선순환이 만들어졌다. 만약 퇴

　　　　　　　　PART 1 일 센스, 작은 차이가 큰 차이를 만든다

사를 선택했다면 어땠을까? 아마 어느 직장에 가든 똑같은 상황이 반복되었을 것이다.

업무적으로 많은 참고를 한 상사에게 언제부터 그렇게 일을 잘했는지 한참 지나서 직접 물어본 적이 있다. 돌아온 대답은 간단했다.

상사   "나도 처음엔 많이 헤매고 혼나기도 했지. 달라지려고 무지하게 노력했어. 사회 초년생 때 생각하면 눈물 난다."

첫 직장에서 1년 남짓 배운 태도를 이직한 직장에서 그대로 적용하자, '어디서 이런 직원이 왔냐'는 칭찬의 말이 돌아왔다. 서로에게 기분 좋은 말을 나누며 관계가 좋아졌고, 관계가 좋아지니 든든한 동료를 얻었다. 그 결과 서로의 일과 삶을 응원하는 관계로 지금도 인연이 지속되고 있다.

회사는 하루 중 가장 많은 시간을 보내는 곳이다. 즐겁고 의미 있는 곳이어야 오래 갈 수 있다. 만약 일 센스가 타고나야만 했던 것이라면 나는 진작 직장 생활을 포기했을 것이다. 그러나 달라지려는 선택, 집중적인 관찰, 작은 실천, 반복 연습으로 변화할 수 있었다.

듣기만 하던 직원이 말할 타이밍을 캐치하고 핵심을 전달하는 사람이 될 수 있다. 성실하지만 2%가 부족하다는 평가를 받던 직원도 듬직하게 신뢰받는 직원으로 변모할 수 있다. 중요한 것은 변화할 의지와, 그 변화를 기대하며 행동하는 당신의 마음가짐과 태도이다.

일 센스는 타고나는 게 아니다. 습관으로 길러지고 반복으로 다져지며, 노력으로 완성된다. 누구나 가질 수 있고, 선택은 당신 몫이다. 일 센스는 타고나는 재능이 아니라, 달라지겠다고 선택한 사람이 끝내 만들어내는 태도의 결과다. 선택의 반복이 센스를 만든다. 경력은 쌓여가는데 제자리걸음인 직원으로 남을 것인가, 아니면 작은 훈련과 노력으로 어떤 일을 맡겨도 든든한 신뢰 가득한 직원으로 성장할 것인가?

알려주기만 기다리면
배울 수 없어요

나　　"회의 일정은 제 선에서 정해도 되나요? 보통 어떻게 정하셨어요?"

선배　　"글쎄, 부서장님들 일정이 다 다르니까 각각 여쭤봐야 할 거 같은데. 빨리 전화를 드려봐."

역시 선배에게 물어보길 잘했다고 생각했지만, 막상 일을 시작하니 막막했다. 8명의 부서장 일정은 출장, 세미나, 연가가 겹쳐 세 번째 연락부터 이미 벽에 부딪혔다. 다른 일정과 겹치고, 맞추려는 날마다 변수가 생기니 '과연 회의가 가능한 건지' 걱정이 몰려왔다. 답답해서 동기에게 하소연했더니, 오히려 나를 다그쳤다.

동기 "팀장님이랑 실장님 일정은 확인했어? 실장님한테 후보 일정 먼저 상의했어야지."

그리고는 구체적인 순서를 알려주었다.

① 실장, 팀장과 후보 일정을 먼저 상의하고

② 8명의 부서장에게 동시에 연락해서 후보 일정 모두를 제시하고

③ 가장 많은 인원이 참석할 수 있는 날을 확정하고

④ 참석자 전원과 부서원 모두에게 공지한 다음

⑤ 회의 계획서와 자료를 준비한다.

짧게 들은 설명이지만 실타래가 풀리는 듯했다. 여러 사람의 일정을 맞추는 일은 언제나 까다롭지만, 일단 큰 틀이 잡히면 그다음은 차례로 풀린다. 처음엔 왜 이 순서를 몰랐을까 자책했지만, 이내 동기가 부러워졌다. 나와 동기와의 차이는 단순한 경험치가 아니라, 센스 있는 사수와 일하며 배울

기회의 차이였다. 동기는 행사, 회의 준비 과정을 사수 바로 옆에서 지켜볼 수 있었고, 언제든지 질문할 수 있었다. 특히 일이 막히거나 고민스러울 때 질문하면 "나라면 이렇게 해볼 것 같아"라는 구체적인 힌트를 얻을 수 있었다. 입사 면접 때 문제 해결 질문에서 버벅대며 대답을 제대로 못 했던 동기가 이렇게 달라지다니, '센스를 경험할 기회'의 차이가 일의 추진력에 큰 격차를 만들고 있었다.

왜 누구에게나 이런 기회가 주어지지 않는 것일까? 내 사수는 다른 회의체를 담당했던 적도 있는데 왜 동기의 사수처럼 자세히 알려주지 못했을까? 사수는 늘 바빴다. 갑작스럽게 요청받는 업무가 많았고, 내 일까지 세심하게 챙겨줄 여유가 없었다. 자녀 문제나 부모님 건강처럼 회사 밖에서 신경 써야 할 일도 많을 것이다. 선배의 삶을 생각하면, 원하는 만큼 친절하게 알려주지 않는다고 원망하는 건 지나친 욕심이었다. 회사는 학교가 아니다. 누군가 손잡고 정답을 알려주는 곳이 아니었다. 성장하기 위해 스스로 길을 찾고 배워야 했다.

실장　　"결론부터 말해봐요."

실장님의 질문은 언제나 같았다. 서론, 본론, 결론 어느 부분 하나 정성을 들이지 않은 장이 없는데, 결론을 묻는 한 마디로 모든 노력이 무색해졌다. 결론을 강조하는 방식으로 슬라이드를 재구성했다. 하지만 상사가 바뀌어도 똑같은 질문이 돌아왔다. 그때 2년 선배의 보고 방식이 눈에 들어왔다. 그는 결론을 먼저 말하고, 상사의 예상 질문을 바탕으로 설명하며 근거 자료를 제시하는 방식으로 보고했다.

선배　　　"이번 안건은 1안의 계획이 가장 적합합니다. 그 이유는 검증된 선례가 많아서 신뢰도가 높고, 홍보 방안까지 구체적으로 제시하고 있어 실행 가능성이 가장 높기 때문입니다."

　　결론부터 말하고 근거를 제시하라는 이론적인 설명은 여러 교육에서 들었던 내용이다. 하지만 설명만 들으면 피상적이다. 실제로 적용되는 모습을 눈앞에서 보니 다르게 다가왔다. 점심을 먹으면서 선배에게 '근거 자료는 어떻게 준비하는지' 질문하고 노하우를 배울 수 있었다. 따로 질문하지 않았다면 들을 수 없었을 것이다.

　　이 과정에서 깨달은 게 있다. 진심으로 후배를 아끼고 생각하는 선배도, 결국 우선순위는 자기 일이다. 후배의 성장을 위해 내 일을 놓쳤다는 핑계는 통하지 않기 때문이다. 선배들도 각자의 방식으로 시행착오를 겪으며 지금의 자리에 왔다. 그리고 선배라고 해서 모두 일을 잘하지도 않는다는 것쯤은 이미 눈치챘을 것이다. 정해진 규칙도 없을뿐더러 어떤 방식은 인정받고, 어떤 방식은 여전히 비효율적일 수 있다. 그래서 업무 방식까지 선배에게 온전히 기대는 태도는 경계해야 한다. 선배가 후배의 성장을 책임져 줄 거라는 기대도 위험하다.

운 좋게 친절하고 능력 있는 사수를 만나면 큰 행운이다. 동기의 사수처럼 '나라면 이렇게 하겠다'라는 힌트를 주는 사람이 곁에 있으면 좋다. 그러나 그런 사람이 없다고 좌절할 필요는 없다. 관찰하고 적용하면 된다. 일 잘하는 사람의 보고 방식, 회의 준비, 상사와 대화하는 태도를 눈여겨보고, 그중 맞는 방식을 선택해서 적용하고 변형하면 된다. 작은 대화 속에서 노하우를 찾고, 스스로 시도하는 과정에서 일 센스는 자라난다. 알려주지 않아도 배우는 사람과, 알려줘야만 움직이는 사람 사이에 점점 격차가 벌어질 수밖에 없는 이유다.

회사에서는 정답지를 주지 않는다. 하지만 그 대신 수많은 장면이 매일 스쳐 지나간다. 주변의 작은 장면들을 관찰하고, 스스로 시도하고, 반복하다 보면 결국 당신만의 기준이 세워진다. 그리고 그 기준이 쌓일수록 '센스 있는 직원'이라는 평가를 얻게 된다.

그러니 기다리지 말자. 센스는 누가 가르쳐줘서 생기는 것이 아니라, 배움과 훈련으로 기르는 것이다. 알려주지 않는다고 멈춰 있는 사람은 결국 제자리에 머무르고, 스스로 찾으며 배우는 사람은 조금씩 앞서 나간다. 관찰하고, 배우고, 실행하는 모든 과정이 당신을 한 걸음 더 성장시킨다. 먼저 보고, 먼저 해본 사람에게 쌓이는 힘이다.

   PART 1 일 센스, 작은 차이가 큰 차이를 만든다

완벽한 자료보다,
제때 하는 보고가 낫습니다

황 팀장이 쓴 보고서는 볼 때마다 감탄이 나온다. 분량은 A4용지 2장 남짓인데, 지난 3년간의 업무 성과와 향후 3년 계획, 당면한 문제와 개선 방안까지 빠짐없이 담겨 있었다. 복잡한 내용을 이렇게 간결하고 명확하게 정리하다니, 마치 예술 작품처럼 보였다. '나는 언제쯤 저렇게 눈에 쏙쏙 들어오는 보고서를 쓸 수 있을까?' 부러움과 좌절이 동시에 밀려왔다. 비결을 묻자, 황 팀장은 "10년 넘게 깨지고, 사수에게 수없이 많은 빨간펜 첨삭을 받으며 훈련한 결과"라고 했다.

현실에서는 빨간펜 첨삭을 해줄 선배도, 그럴 기회도 없으니 순간 한숨이 나왔다.

마침 지자체 공무원을 위한 교육 계획을 세우라는 임무가 주어졌다. 이번에는 제대로 된 보고서를 써보자고 다짐했다. 하지만 막상 쓰려니 현황 자료부터 막혔다. 대상은 몇 명인지, 예산은 얼마가 적정한지, 전국에 흩어져 있는 교육생들의 요구는 어떻게 반영할지, 고려해야 할 부분이 끝도 없었다. 방향을 잡지 못하니 손이 움직이지 않았다. '좀 더 준비해야지' 하면서 미루는 사이, 실장님은 계획은 어떻게 되고 있냐며 다그치셨다. 또 늦었다.

결국 방법을 바꿨다. 완벽한 보고서를 쓰겠다는 욕심을 내려놓고, 적절한 시점에 상황을 공유하고 방향성을 함께 설정하기로 했다. 교육 방법을 대면으로 할지, 온라인으로 할지부터 결론을 내야 전체 계획이 가능했기 때문에, 두 방향의 가능성을 간단히 정리해서 보고했다.

나 "지자체 공무원 교육은 아무래도 교육 방법에 따라 준비 사항이나 예산이 크게 달라집니다. 큰 방향성을 정한 후에 계획서를 쓸 수 있을 것 같아서 우선 상의드릴 내용만 간단히 정리해 왔습니다."

현황 파악

- 교육 대상: 17개 시도 각 읍, 면, 동 공무원
- 교육 수요: 민원 응대를 위한 초기 상담
- 교육 현황: 지자체별 온라인 교육 플랫폼, 주제 및 교육 시간 상이

〈계획 수립 전 결정 필요〉 교육 방법

※ 고려 사항

- 방법: (온라인 교육) 장기간, 대규모 교육 가능
  (대면 교육) 인원 제한, 비수도권 종사자 참여 한계
- 시기: (온라인 교육) 영상 제작 기간을 고려하여 5월~11월 운영 가능
  (대면 교육) 6~8월 중
- 주제: 민원 응대를 위한 초기 상담, 공무원의 소진 관리
- 예산: (온라인 교육) 영상 제작비 2천만 원, (대면) 대관, 강사비 등
  8백만 원

완벽한 보고서와는 거리가 멀지만, 어설픈 보고서를 만드느라 시간을 끌며 눈총을 받는 대신, 최소한의 자료로 현 상황을 보여주니 대화가 시작되었다. 상사는 몇 줄 적힌 내용을 찬찬히 보더니 농어촌 지역 교육 기회도 중요하다는 의견을 주었다. 그 한마디 덕분에 계획의 방향성이 잡혔다. 완성하지 않은 보고서여도 적절한 타이밍에 보고하면 일을 한 발 앞으로 나가게 한다는 사실을 몸으로 배웠다. 이후에도 이런 방식으로 보고서의 완성도에 집착하지 않고 '타이밍 적

절한 보고'를 하기 위해 노력했다. 한참 후에 상사가 이런 말
을 했다.

"김 주무관은 임박해서 챙기지 않아도 미리 이렇게 일
을 가져와서 상의하니까 별로 걱정이 없어. 보고서를
아무리 잘 써도, 완벽하게 하느라 보고 시기를 놓치면
오히려 일을 망치기도 해."

그제야 알았다. 보고서의 질 못지않게 타이밍도 중요하
다는 것을. 보고서는 글솜씨를 뽐내는 작품이 아니라, 상사와
함께 의사 결정을 만들어 내는 도구였다. 잘 쓴 보고서가 도
움이 되는 것은 사실이지만, 보고의 효과는 '때와 상황, 방식'
을 맞췄을 때 발휘된다. 특히 방향을 잡아야 하는 기획 단계
에서는 완벽한 문서보다 짧더라도 센스 있는 보고 한 번이 더
큰 힘을 발휘한다.

보고의 순간은 늘 긴장되기 마련이다. 실수가 생기기도
한다. 중요한 것은 실수하지 않는 것이 아니라, 그 상황에서
어떻게 대응하느냐다. 당황하지 않고 맥락을 짚어 설명하고,
다음 단계를 제시하는 태도가 상사의 기억에 더 오래 남는다.

완벽하게 준비한 내용보다, 보고가 필요한 시점에 그동안 고민해 온 과정과 방향을 말로 설명하는 것이 상사의 판단을 돕는 경우가 많다. 당신이 책임감 있는 태도로 일에 임한다는 인상을 심어주고, 평소의 노력보다 더 큰 신뢰가 만들어지기도 한다. '자료가 부족해서, 아직 확인이 안 되어서, 다른 일부터 하고' 이런 여러 가지 이유로 보고를 미루면, 오히려 일이 더 어렵고 복잡해진다. 미룰수록 신뢰감도 떨어진다는 사실을 기억하자.

결국 센스 있는 보고는 완벽을 추구하는 것이 아니다. 상황에 맞는 시점에, 상대가 이해할 수 있는 방식으로, 핵심을 전달하는 것이다. 하지만 이런 대응은 즉흥적으로 떠오르는 요령이 아니다. 평소에 일을 어떻게 바라보고 있는지, 어느 시점에 공유하는지, 상사의 관점에서 한 번 더 생각해 보았는지에 따라 자연스럽게 드러난다. 시기와 상대를 제대로 맞춘 보고 한 번이 상사의 불필요한 분노와 야근까지 예방할 수 있다. 부족하더라도 지금 상황을 공유하며, 일을 앞으로 움직이게 하는 '센스 있는 보고'를 위해 도전해 보자.

직장인의 가장 조용하고 강력한 무기

앞의 이야기 속 주인공들을 다시 떠올려 보자. 회의 막바지에 한 장짜리 자료를 내밀던 사람, 경력은 짧지만 상사의 생각을 먼저 짚어 말하던 신입, 알려주기를 기다리지 않고 스스로 관찰하며 배워 나가는 사람, 완벽한 보고서 대신 지금 논의가 필요한 수준을 들고 먼저 상사를 찾아갔던 사람… 이들의 공통점은 업무 스킬이 뛰어나다는 데 있지 않다. 일 처리 속도가 눈에 띄게 빠르거나, 보고서를 유독 잘 쓰는 것도 아니다. 그들이 가진 것은 상황을 읽고, 흐름을 이해하며, 다음 장면을 예상하는 '감각'이다.

업무 현장은 선택의 연속이다. 지금 말할 것인가, 조금 더 지켜볼 것인가. 이 자료를 지금 올릴 것인가, 완벽해질 때까지 붙잡고 있을 것인가. 이때 무엇을 기준으로 움직이느냐가 사람을 가른다. 어떤 사람은 일이 점점 수월해지고, 어떤 사람은 계속 한 박자 늦는다. 이 차이는 생각보다 단순한 곳에서 시작된다.

많은 사람이 연차가 쌓이면 센스도 자연스럽게 따라올 거라고 착각한다. 하지만 현실은 그렇지 않다. 오래 일해도 '상사 입장에서 생각하는 연습'을 해본 적이 없다면, 경험만 늘 뿐 감각은 제자리에 머문다. 더 현실적인 문제는 따로 있다. 친절하게 정답을 알려주는 사람이 없다는 것이다. 회사에는 정답지가 없고, 친절한 설명은 다른 일에 밀려 늘 후순위가 된다. 운 좋게 좋은 사수를 만나면 빠르게 배울 수 있지만, 그렇지 않은 경우라면 기다리기만 해서는 아무것도 달라지지 않는다.

그럼에도 다행스러운 건, 일 센스는 타고난 재능의 영역이 아니라 배울 수 있는 영역이라는 사실이다. 정확히 말하면, '거창한 기술'이 아니라, 작은 빈틈을 메우는 태도에 가깝다. 상대의 말을 한 번 더 곱씹고, 결론을 먼저 꺼내고, 내가 만든 결과물이 상대에게 어떻게 보일지 한 번 더 점검하는 것. 이런 사소한 습관이 쌓이면서 센스는 만들어진다. 결국 차이는 능력의 크기가 아니라, 스스로 배우려는 의지에서 시작된다.

일 센스가 가장 분명하게 힘을 발휘하는 순간은 특히 보고 자리다. 완벽한 보고서를 만들겠다는 욕심 때문에 타이밍을 놓치기보다, 지금 필요한 만큼만 정리해서 방향을 먼저 공유하는 사람이 일을 앞으로 움직인다. 센스 있는 보고는 부족한 업무 능력을 어느 정도 커버할 만큼 중요하다. 때로는 여러 번의 야근보다 강한 효과를 낸다. 상사는 '완성도'보다 '진행 감각'을 보고 안심하고, 동료들은 '일이 굴러가게 만드는 사람'을 신뢰하기 때문이다.

그래서 일 센스는 분명히 무기가 되고, 이 한 끗 차이를 더한 사람은 같은 일을 해도 사람들의 평가가 다르다. 상사와 동료들에게 '일 잘하는 사람'으로 기억되고, 회사 내 역할은 점차 확장된다. 성실함만으로 설명되지 않던 차이가 여기에서 드러나는 것이다.

이제 다음 장에서는 이 감각을 조금 더 구체적으로 들여다보려 한다. 막연하고 두루뭉술한 차원의 방법이 아니라, 어디를 보고 무엇을 놓치지 말아야 하는지, 일 센스를 키우는 방법을 디테일하게 하나씩 풀어보자.

PART 2

배우면서
바로 써먹는
일 센스

사방이 자원이 되는
관찰 센스

무슨 일이
있었나요?

직원 A "급한 거라고 하니까 대충이라도 해서 내고 가, 어차피 취합하고 나면 또 수정할 시간 있지 않겠어?"

점심 식사 후 사무실로 돌아오는 길, 다른 부서 직원 두 명과 함께 엘리베이터를 탔다. 둘 사이 오가는 대화를 들으니, 오후 외근 일정으로 나가야 해서 자료를 작성할 시간이 없다는 하소연이었다. 그냥 인사만 하고 지나칠 수도 있었지만, 무슨 자료인지 물어보았다.

 "점심시간 직전에 공지 올라왔는데 못 봤어요? 오늘 퇴근 시간까지 연구 실적이랑 성과 자료 전부 내라고 해서 우리 사무실은 난리 났어요."

순간 등골이 서늘해졌다. 왜 그걸 몰랐지? 오전 부서 회의가 길어져 다들 곧바로 식사하러 나갔으니, 인트라넷을 확인할 틈이 없었던 것이다. 생각해 보니 우리 부서도 오후에 외부 회의 참석, 행사 준비, 조퇴, 공문 처리 등으로 구성원들이 제각기 바쁜 상황이었다. 이런 상태라면 긴급 공지를 놓치고 그대로 퇴근하는 초유의 사태가 벌어질 수도 있었다.

관찰 센스는 이렇게 사소한 대화에서 존재감을 드러낸다. 지나칠 수 있었던 순간을 붙잡아 '무슨 일이 있나?'하고 살피는 태도, 거기서 일의 향방이 달라진다.

급히 총괄 부서에 연락해 서류 제출 기한을 조정할 수 있는지 살폈다. 퇴근 시까지 제출이라고 했지만, 자료를 취합해 정리하려면 시간이 걸리니 우리 부서는 내일 오전까지 제출해도 된다는 답을 기대했다. 하지만 인력 배치 건으로 내일 오전에 긴급 간부 회의가 잡힌 터라, 총괄 부서도 곤란해하는 상황이었다. 결국 오늘 안에 자료를 제출해야 했다. 일단 메신저로 실장님께 보고했다.

실장님도 회의 직후 식사하러 가셨으니 긴급 공지를 확인하지 못했을 가능성이 높았다. 역시나 당황하셨지만 곧 방향을 주셨다.

실장님께 답장을 보내며 부서원 전체에 참조를 걸었다. 내용을 모르고 있을 직원들의 상태를 인지했으니, 메시지를 보고 상황을 바로 파악하도록 하기 위해서였다. 일일이 설명하거나 의견을 들을 여유도 없었다. 공지를 확인했더라도 '내게 일이 떨어지는 건 아닐까?' 긴장했을지도 모를 부서원들은 참조 메시지로 긴급 자료 성격을 확인하고, 두 팀장이 업무를 맡았음을 확인했으니 안도감이 들었을 것이다.

관찰은 단순히 '눈으로 보기만 하는 것'이 아니다. 상황을 읽고, 누구에게 어떤 영향을 줄지 미리 짐작해 조치하는 것이 관찰 센스다.

이번 일은 네 단계로 정리할 수 있었다.
① 지나칠 수 있었던 직원 간의 대화에서 문제 상황을 포착했고,
② 취합 부서에 연락해 조정 가능성을 확인했고
③ 상사의 상황을 고려해 바로 보고했고
④ 부서원 전체와 신속히 정보를 공유했다.

점심 시간이 한참 지난 뒤에 공지를 확인했다면? 하소연 전화가 온 뒤에 알았다면? 퇴근 시간 직전에 총괄 부서에서 '왜 아직 자료를 안 주냐'고 재촉했다면? 또는 부서장님이 회의 자리에서 긴급 자료 얘기를 듣고 연락했다면? 여러 가지 상황이 일어날 수 있었다. 일은 어차피 진행되었겠지만, 불필요한 긴장과 불만 속에서 서로 언짢게 일해야 했을 것이다.

사실 이전에도 긴급 자료를 작성하다가 '왜 보고를 안 하

 PART 2 배우면서 바로 써먹는 일 센스

고 진행하느냐, 혼자만 알고 있느냐'는 꾸지람을 들은 적이 있다. 취합 부서에서 '도대체 자료 언제 줄 거냐' 같은 비난 섞인 핀잔을 듣기도 했다. '전체 자료라면 팀장이 해야지 왜 부서원까지 시키느냐, 가이드라인이 없으면 못 하겠다'라는 투덜거림도 있었다. 결국 해야 하는 일은 같지만, 접근 방식과 시작하는 태도가 달라지면 결과는 완전히 다른 갈래로 나뉘게 된다.

관찰 센스가 만드는 것은 작은 차이다. 누군가는 같은 상황에서 불평을 늘어놓고 혼란만 겪지만, 누군가는 빠르게 문제를 포착하고 공유하며 자연스럽게 일을 해 나간다. 그 차이가 곧 신뢰의 차이, 평가의 차이가 된다. 같은 자료를 만들어도, 같은 보고를 해도 관찰 센스가 있는 사람은 더 신뢰받고, 더 일을 잘하는 사람으로 기억된다.

결국 관찰은 일의 출발점이다. 보이지 않는 빈틈을 메우고, 흘러가는 순간을 붙잡아 일을 제대로 굴려내는 힘. 그것이 바로 일 센스를 키우는 첫걸음이다.

듣는 사람의 가려운 곳을 긁어주세요

"강사로는 어떤 분들이 오시나?" 상사의 질문에 순간 머릿속이 하얘졌다. 교육명, 일시, 장소, 대상 인원까지 표로 정리한 자료를 내밀며 완벽히 준비했다고 생각했는데, 강사 정보란이 비어 있었다. 무슨 변명을 해도 핑계일 뿐이었다. 상사의 질문에 답하니 곧바로 다음 질문이 날아왔다. 매년 초 강사 발굴에 어려움을 겪는 상황이라, 꼬리를 물며 파고드는 질문에 선뜻 답이 나오지 않았다. 상사가 계속 질문하는 의중이 '꼭 섭외하길 원하는 강사가 있는 건지', '만족도 위주의 선정 방식이 마음에 들지 않는 건지', 아니면 '강사 선정 기준을 만들라는 의미인지'조차 알 수 없었다. 이렇게 시작된 대화는 숨 막히게 이어졌다.

상사 "강사는 어떤 분들이 오시나요?"

나 "김철수, 이영희 교수님을 포함해서 탐색 중입니다."

상사 "강사는 어떻게 선택하죠?"

나 "만족도 점수를 반영합니다."

상사 "지금 명단이 적정하다고 보나요?"

나 "잘 모르겠습니다."

상사 "여러 가지 검토해서 추가 명단 파악해 보세요."

나 "네 알겠습니다."

삭막한 문답 속에서 상사가 무엇을 궁금해하는지, 어떤 말을 하고 싶은지 기민하게 잡아내야 했다. 질문에 곧이곧대로 답만 하면, 이 보고는 스무고개처럼 끝없는 질의응답이 되고, 결국 상사와 나 모두 불만족한 채 자리를 떠날 게 뻔했다.

실무 경력 10년이 지나서야 비로소 감을 잡았다. 상사의 질문 뒤에 숨은 의도를 파악하고, 그 궁금함을 끌어낼 수 있는 '되묻기 질문'이라는 스킬을 장착하게 된 것이다. 그전까지는 상사의 이어지는 질문들에 대답을 제대로 하지 못하고, 대화를 마치고 나서는 '도대체 뭘 하라는 건지 모르겠네', '처음부터 정확하게 지시하면 되지, 왜 일을 여러 번 하게 만드는 거야' 하고 불평만 늘어놓았다.

동료들도 같은 고민을 하고 있었지만, 정작 '어떻게 질문해야 하는지' 알려주는 사람은 없었다. 10년이 지나도록 길이 보이지 않았던 이유다. 그 세월 동안, 여러 풍파를 견디며 문제 상황을 직면하고 상사에게 질문하는 법을 배웠다. 다음 단계를 진행할 수 있는 답을 얻기 위해, 그리고 그 답을 끌어내기 위해 적절한 질문이 얼마나 중요한지 깨닫는 데 참 오래 걸렸다.

같은 상황에서 다음과 같이 대답하면 무엇이 달라질까?

"해당 분야 논문 발표자를 위주로 찾고 있지만, 신규 강사 발굴에 어려움이 있습니다. 혹시 염두에 두신 강사나 선발 기준으로 고려했으면 하는 내용이 있을까요?"

그러면 상사는 기다렸다는 듯 조언을 쏟아낸다. 해당 분야 전문가, 피해야 할 조건, 섭외 시기를 놓치지 말아야 할 사람까지. 피드백을 듣고 '강사 명단을 정리해 다시 보고 하겠다'라고 답했고, 상사는 만족스러운 표정을 보인다. 보고의 시작은 삐걱거렸지만, 질문 하나로 대화의 흐름과 분위기를 바꾸고, 다음 일을 위한 내용까지 파악할 수 있었다.

채용이라는 절차에서 이미 능력과 가능성을 인정받았는데, 그 긴 세월을 왜 불평만 하며 보냈을까. 왜 질문하지 못했을까. 사실 "무엇이 궁금하신 건가요?"라고 직접 상사에게 물었더라면 훨씬 나았을 것이다. 하지만 예의가 없다는 평가와 준비성이 부족하다는 인상을 피하고 싶었고, 무엇보다 보고를 빨리 끝내고 싶었다. 그 결과, 스스로 기회를 버리고 있었던 셈이다.

지시를 명확하게 내리는 상사도 있지만, 보고를 받으면서 생각을 정리하는 상사 혹은 의도적으로 모호하게 말하며 부하 직원이 답을 찾도록 유도하는 상사도 있다. 그러나 일의 처리자와 결재자가 누구인지를 생각해 보면 답은 하나다. 상사가 원하는 바를 최대한 빨리 캐치하고 반영할수록 일은 쉬워진다. 상사가 궁금해하는 부분을 알아차리기 위해 질문하고 확인하는 연습이 '일 센스'를 키운다.

예를 들어, 오전 시간 보고를 마친 후 상사가 "요즘 점심 누구랑 먹나?"라고 물었을 때, 단순히 "옆 팀 배 팀장이랑 먹습니다"라고 답하면 대화는 끝난다. 그러나 상사가 무엇을 궁금해하는지 생각하며 질문을 되돌리면 어떨까? "옆 팀 배 팀장이랑 주로 먹는데, 다른 약속이 생기면 따로 먹을 때도 많습니다. 실장님은요?" 이렇게 물었더니, 상사는 선약이 없으면 점심을 사줄 생각이었다고 했다. 그래서 일정까지 제안하며 "내일이나 모레는 어떠세요?"라고 약속을 정했다.

예전엔 왜 이렇게 빙빙 돌려 말하는지 답답했지만, 그것이 부하 직원에게 부담을 주지 않으려는 배려라는 것을 상사가 되고 난 후에야 알게 되었다.

상사 보고를 마친 뒤 '내가 무엇을 해야 하는지' 스스로 답할 수 없다면, 그 자리에서 반드시 확인해야 한다. 그 상황을 단서를 찾아야만 벗어날 수 있는 방 탈출 게임이라고 생각해 보자. 단서는 눈으로 찾을 수는 없고, 질문을 통해서만 얻을 수 있다. 이를 놓치면, 불필요하게 업무 시간과 보고 횟수가 늘어난다.

'출제자의 의도를 파악하라.' 학창 시절 시험을 앞두고 가장 많이 들었던 말이다. 상사가 출제자, 우리는 응시자라고 생각하면 단순하다. 다만 상사의 말은 시험 지문처럼 친절하진 않다. 정보는 부족하고, 문제 자체가 불명확할 때가 많다.

그래서 그 의도를 알아내기 위해 반드시 질문해야 한다.

그러나 질문의 목적은 단순히 정답을 맞히는 데 있지 않으므로, 물음표로 온 질문에 반드시 마침표로 대답할 필요는 없다. "네, 알겠습니다"라고 대답하고 넘어가는 것보다, 현재 상태를 설명하며 "그래서 이런 말씀인가요?" 하고 되묻는 편이 훨씬 효과적이다.

수많은 직장인이 이 단순한 원리를 놓치고 있다. 상사의 궁금증이 나의 다음 업무와 연결된다는 사실을 기억하고, 기꺼이 '가려운 곳'을 긁어주자. 그보다 시원한 칭찬이 여러분을 기다리고 있을 것이다.

타이밍만 잘 잡아도 성공합니다

부서장님이 여름휴가로 자리를 비운 사이, 결재받고 상의할 일이 산더미처럼 쌓였다. 기관장 결재가 필요한 결과 보고, 임원진 회의에 제출할 부서 실적과 계획, 그리고 진행 중인 업무 검토까지. 하지만 아직 보고할 만큼 자료가 완성되지 않았다. 오늘을 넘기면 일정이 꼬일 게 뻔하고, 시간이 빠듯했다. 타이머까지 켜두고 속도를 높였지만, 생각보다 준비가 더뎠다. 내일 오전에는 발표가 있고, 그 전에 기관장님 결재를 받아야 하는 보고서도 있어서 마음이 급해졌다. 그때 부서장님이 "오전에는 자료 검토, 오후 1시부터 3시까지 타 부서 위원회 참석으로 자리 비웁니다"라고 메신저를 보내왔다. 상사와 만날 수 있는 시간이 더 줄어들었다.

출근 직후로 시간을 되돌려 보자. 보고할 안건이 여러 가지인데 자료 완성은 덜 된 상황이다. 오늘을 넘기지 않으려면 무엇을 해야 하고 부서장님이 무엇을 먼저 검토해야 하는지부터 알리는 게 맞다.

> 휴가는 잘 다녀오셨나요? 지난주에 큰일은 없었고, 업무 경과와 이번 주 업무를 간단히 보고드립니다. 자료 준비가 조금 남아 있어 2시 이후에 보고드려도 괜찮을까요?
>
> 〈오늘 대면 보고 안건〉
> 1. 직원 소통 교육 결과 보고 - 기관장 결재 사항, 검토·수정 필요
> 2. 임원진 주간 검토 회의(내일 오전) 자료: 실적, 계획
> 3. 10개 협력 업체 회의(수요일 오후 2시): 자료 70% 완성, 참석 인원 최종 확인 중
> 4. 2차 직원 소통 교육 신청 현황(목요일 마감) - 정원 100명 중 90명 신청
>
> 〈지난주 업무〉
> 1. 외부 기관 견학 - 부서 업무 소개(10분)
> 2. 성과지표 교육 신청·접수 개설 - 진행 순조로움, 단순 문의 위주 전화 다수
> 3. 직무역량 프로그램 개발 연구 회의 참석 요청(일정 미정)

이렇게 메신저를 보내니 잠시 후 답이 왔다.

안건 목록과 보고 가능 시간을 함께 알리면 상사가 내용을 확인하고 소요 시간을 가늠해 답할 수 있다. 상사가 찾기 전에 진행 상황을 먼저 알리면 거의 100% 통한다. 상사가 답하지 않아도, 인지했을 가능성이 높다. 불가능하면 안 된다고 짧게 답하거나 문자 메시지라도 보냈을 것이다. 그러니 언제 보자는 답이 오지 않았어도 보고가 가능해진다.

업무 완성도가 아무리 높아도 호출을 받은 후에야 보고하면 마이너스다. 한 줄이라도 더 쓰겠다며 시간을 보내도, 어차피 10~20분 안에 끝낼 수 있는 작업이 아니다. 특히 부서장이 며칠간 자리를 비운 후라면 급한 결재 건이나 직원들의 안부가 먼저 궁금할 수 있다. 오후 5시가 다 돼서 "보고드리려고 종일 준비했는데요" 하고 들어가면, 그 사이 상황이 달라져 계획을 바꾸거나, 하지 않아도 될 일을 괜히 했을 수도 있다. 다른 우선순위에 밀려 보고 기회조차 사라질 가능성도 있다.

손님맞이 준비로 장을 보는 상황을 생각해 보자. 식탁에

재료를 다 늘어놓기 전에 '파스타 면, 훈제 오리, 밀키트 요리 두 가지, 계란, 음료수를 살 예정'이라고 가족들에게 미리 알리는 것이다. 그러면 파스타 면은 집에 있으니 빼자거나, 밀키트는 번거로우니 배달로 대체하자는 의견이 나올 수 있다. 장을 보러 간 사이 추가로 필요한 재료를 부탁받을 수도 있다.

부서장 검토 후 몇 차례 수정한 결과 보고서를 기관장에게 보고할 차례가 됐다. 대면 보고 후에 전자 문서를 상신해야 하고, 대외 일정이 많은 기관장 보고에서 한 번에 결재받아야 다음 일정이 수월하다. 비서실에 연락하니 내일부터 금요일까지 출장이라는 답이 돌아왔다. 그렇다면 오늘 오후밖에 시간이 없는데 이미 다른 보고나 회의로 일정이 꽉 찼다고 했다.

금요일 오후로 일정을 예약했지만, 출장 후 복귀 시간이 지연되면 결재가 어려울 수도 있어 오늘 끝내고 싶었다. 하여 취소되는 일정이 있거나 빈 시간이 생기면 핸드폰으로 연락해 달라고 요청했다. 바로 뛰어가 보고할 수 있다고 강조했다.

그러자 1시간도 안 돼 전화가 왔다. 과장님 한 분의 회의가 늦어져서 보고 시간이 비었다니 기회였다. 다음 주로 넘어갈까 노심초사할 필요 없이, 순식간에 보고를 끝내고 전자 결재까지 1시간 만에 마무리했다. 금요일로 보고가 늦춰졌다면, 출장 중 떠오른 아이디어로 보고서 수정이 불가피해졌을 수도 있고, 계획 변경으로 결재는 더 늦어졌을 게 뻔하다.

끝낼 수 있는 일은 최대한 빨리 마무리하고, 그 동력으로 다음 일을 확장하는 것이 좋다. 타이밍을 잡으면 준비가 완벽하지 않아도 기회는 열린다. 상사가 찾기 전에 먼저 알리고, 빈틈을 포착해 선제적으로 움직여 보자. 하루를 앞당기는 보고 한 번이 한 주를 살리고, 한 달의 흐름을 바꿀 수 있다.

인생도 타이밍, 보고도 타이밍이다. 그 타이밍은 운이 아니라, 준비된 사람이 잡는 것이다.

상사의 인맥,
나에게도 득이 됩니다

결재받을 서류가 있어서 실장님 방을 찾았다. 방 안에 다른 부서 진 실장님, 우 실장님 두 분도 함께 있었다. 분위기를 보니 심각한 얘기를 나누던 건 아닌 듯했지만, 정확히는 알 수 없었다. 그때 진 실장님이 "일단 그렇게 얘기하고 다시 말씀드릴게요"라고 말한 뒤 두 분이 함께 자리를 떴다. 부서장 간에 결재받을 안건이 있을 리도 없으니, 우리 실장님께 의견을 구하러 온 상황임을 짐작할 수 있었다.

관찰은 언뜻 보면 아주 사소해 보이는 이런 장면에서 시작된다. 결재만 받고 나올 수도 있었지만, '누가 왜 찾아왔는가?'를 살피면 보이지 않던 기회가 보인다.

몇 달 뒤, 퇴원하는 환자들의 재활을 위한 협력 기관 회의를 준비하게 되었다. 타 부서 관계자들을 함께 모시면 좋겠다는 의견이 모아졌는데, 선뜻 부탁하기 어려운 자리였다. 그때 문득 실장님을 찾아왔던 진 실장님과 우 실장님이 떠올랐다. 두 분과의 관계가 우호적이라는 걸 기억해 냈다. 두 분 중 한 분이라도 모시면 좋겠다는 생각에 부서장님께 여쭈었더니 흔쾌히 동의하셨다. 회의 성격과 관련성을 고려해 우 실장님에게 연락드리기로 했다. 일정 후보를 두세 개 정해 부탁드리니, 역시나 바로 수락했다.

우 실장   "시간만 맞으면 참석할게요. 어느 부서 일인데, 당연히 도울 일이 있으면 도와야죠."

두 분의 우호적인 관계가 나에게까지 영향을 미쳤다. 일이 순조롭게 풀리니 우 실장님이 미리 확인할 수 있도록 별도의 자료를 준비하는 일조차 전혀 번거롭지 않고 오히려 즐거웠다. 왜냐하면 챙겨줘서 고맙다는 칭찬을 들으리라 예상할 수 있었기 때문이다.

물론 단순한 친분만으로 다른 부서를 끌어들일 수는 없다. 내가 강조하고 싶은 점은, 관계를 관찰하면 새로운 기회가 만들어진다는 것이다. 업무 관련성과 실질적 도움이 뒷받침된다면, 상사의 인맥은 곧 나의 자원이 된다.

하루는 점심시간에 식당에서 상사가 누군가와 반갑게 인사를 나누었다. 상대방은 깍듯했고, 식사를 마친 뒤에는 굳이 우리 테이블까지 와서 재차 인사하고 나갔다. 각별한 사이려니 했는데, 알고 보니 그 직원은 예전에 상사를 아주 곤란하게 했던 부하 직원이었고 지금은 다른 곳에 근무 중이라고 했다. 상사는 그 이야기를 하며 한숨을 쉬었다.

얼마 지나지 않아서 그 직원으로부터 연락이 왔다. 자신이 담당하는 콘퍼런스에 실장님을 발표자로 초청하고 싶다는 공식 요청이었다. 사무실로 온 공식적인 연락이라 겉보기엔 정중했지만, 상사에게 직접 부탁하기는 어려우니 형식이라도 갖춰 길을 열어두려는 속내라는 것을 짐작할 수 있었다. 즉시 대답하지 않고 시간을 벌었다.

ㄴ   "그날 회의 일정이 있는 걸로 기억하는데, 정확히 확인한 후에 회신 드리겠습니다."

곧바로 실장님께 말씀드렸더니 '회의가 끝나자마자 이동하면 참석은 가능하지만, 굳이 갈 필요는 없겠다'라는 대답이 돌아왔다. 발표 준비 과정에서 그 직원과 소통할 때의 답답함이 예상되고, 무엇보다 다시 함께 일할 자신이 없다고 했다. 식당에서의 짧은 장면과 상사의 반응을 눈여겨본 덕분에, 상사가 내키지 않아 한다는 것을 파악할 수 있었다.

만약 "여쭤보고 말씀드릴게요" 혹은 "직접 연락해 보시죠?"라고 했다면 상대는 기대를 품었을 것이다. 또한 회의 일정이 있다는 말만 했다면 상대가 자칫 상사에게 묻기도 전에 거절한다고 받아들일 수 있다. 식당에서의 일을 떠올리고 상사가 내키지 않아 하리라 예상했고, '참석하면 좋으나, 불가능할 수도 있다'라는 뉘앙스를 먼저 전해야겠다고 판단할 수 있었다. 상사의 전 부하 직원이 부탁한 일이라고 해서 그 말을 그대로 전하기만 하면 되는 게 아니었다.

그 직원이 원활히 일하려면 실장님께 직접 연락하는 편이 더 나았을 텐데, 굳이 사무실을 통했을 때는 단순한 예우 그 이상이 숨겨져 있을 수 있다. 관계의 표면만 보고 섣불리 판단하면 실패할 확률이 높다. 반갑게 인사한다고 해서 반드시 함께 일하고 싶은 사이라는 뜻은 아니다.

　　　PART 2 배우면서 바로 써먹는 일 센스

결국 거절 연락을 하기로 했다. 업무 연관성이 있기 때문에 거절로만 끝낼 수는 없어서 상사에게 제안했다.

나 "제가 연락드리겠습니다. 그런데 실장님께서도 오후에 한 번 전화해 주시면 어떨까요?"

실장 "그게 좋겠네. 다음에 식사나 한번 하자고 연락할게."

거절은 거절대로 전달되지만, 관계는 유지할 수 있는 방식이었다. 거절 연락을 받는 상대가 언젠가는 내가 도움을 청해야 할 자리에 있을지도 모른다. 직접적인 감정 교류가 없더라도, 일로 도움을 주고받는 상황은 언제든 생길 수 있다. 그럴 때 상사를 통해 길을 열 수 있다면, 일 센스는 빛을 발한다.

회사에서는 결국 사람이 일을 움직인다. 사람들은 관계를 통해 일이 돌아가게 하고, 관계는 곧 힘이 된다. 아무리 부족해 보이는 상사라도, 실무자보다는 훨씬 넓고 단단한 경력과 인맥을 가지고 있다. 그 차이를 인정하고 살펴보는 것만으로도 얻는 게 많다.

잘 살펴보자, 상사가 누구와 친밀한지, 누구를 불편해하는지, 또 누구와 새롭게 관계를 맺고 싶어 하는지. 그 안에는 내가 아직 닿지 못한 기회와 정보가 숨어 있다. 다만 관계만 좇다 보면 본질적인 일을 놓칠 수 있다. 그렇게 되면 상사 뒤에 줄서기에만 몰두하는, 바람직하지 않은 직장인의 길로 빠질 위험이 있다.

따라서 일과 관계, 두 가지를 균형 있게 관리하는 것이 중요하다. 억지로 애쓰지 않아도 된다. 평소 의식하고 있으면 자연스럽게 눈에 들어온다. 관계를 통해 일의 속도를 높이고, 일을 통해 관계의 신뢰를 쌓아가는 선순환을 만들어야 한다. 이것이야말로 눈치가 아닌 진짜 일 센스다.

더듬이, 안테나
모두 바짝 세워보세요

코로나19가 끝날 기미 없이 이어지던 시기였다. 정신질환이 있는 코로나19 확진자를 제대로 치료할 의료기관이 부족해 국립기관이 전담해야 했고, 모두가 긴장 속에서 하루하루를 보냈다. 그날 밤, 지방의 작은 병원에서 집단 감염이 발생해 환자들이 서울로 이송될 예정이라는 뉴스를 접했다.

곧바로 병동의 상황을 떠올렸다. 이런 환자들은 대개 의료급여 수급자여서 입원 중 필요한 간식이나, 퇴원할 때 입을 옷과 신발조차 준비하기 어려웠다. 사회복지팀에서 옷과 신발, 간식을 후원받아 병동별로 배분하는 일이 이전에도 있었다. 단체 신규 입원 시점은 늘 분주했기에 다음 날 평소보다 20분 일찍 출근했다. 병동별 입원 환자 인원을 확인하고 간식 분류 계획을 짰고, 팀장님이 도착하자마자 보고했다.

나	"병동별 인원은 확인했고, 간식은 이렇게 나누면 좋겠어요. 수량은 충분해서 바로 지급할 수 있어요."
팀장	"아주 잘했어! 일 다 해놨네."

시원한 칭찬이 돌아왔다. 단지 팀장님의 시간을 덜어주고 서로 편하게 일할 수 있게 조금 미리 움직인 것뿐이었는데, 생각보다 효과가 컸다. 정보를 미리 포착하고 행동으로 옮겼을 때, 관찰은 진짜 힘을 발휘한다.

관찰에서 얻은 정보는 반드시 '행동'으로 이어져야 한다. 예를 들어 기관 주요 행사에서 부서장 합동 회의 일정을 확인했다면, 최근 계속 거론되는 '내년 R&D 예산'이 논의될 수 있음을 짐작할 수 있다. 그렇다면 최근 통계 자료나 증액 필요성을 담은 기사를 찾아두는 게 현명하다. 부서 회의 시간에 자료를 출력해 놓으면 더 좋다.

팀장 "R&D 예산 우선순위를 정해야 하는데 우리 부서에서 강하게 요구할 근거가 있나요?"

나 "혹시 몰라서 최근에 제출했던 신규 R&D 계획서와 관련 기사를 출력했습니다."

상사의 질문에 이렇게 답할 수 있다. 이때 자료의 완성도보다 중요한 건 상황을 읽고 미리 대비한 태도다. 사소해 보이는 이 행동이 상사에게 든든함을 주고, 당신을 신뢰할 만한 사람으로 각인시킨다.

관찰은 사람의 말과 행동에서도 위력을 발휘한다. 어느 날 약속된 보고를 위해 실장님 방을 찾았는데, 책상 위에 서류가 가득했고 심각한 표정으로 통화를 하는 모습이었다. 실장님이 거의 듣기만 하는 상황이었지만 분위기가 심상치 않다는 걸 알 수 있었다. 지금은 때가 아니라는 생각이 들었다. 포스트잇을 한 장 뜯어서 "오후에 다시 오겠습니다"라고 적어 책상 끝에 붙여두고 나왔다. 불필요한 핀잔이나 하소연을 듣지 않고, 상사의 감정이 가라앉을 시간을 확보하는 선택이었다.

또 다른 날, 분위기는 나쁘지 않았지만 통화가 길어졌다.

이번에는 "잠시 뒤에 다시 올까요?"라고 적어서 책상에 붙이자마자 상사는 손짓으로 '아니다'라는 신호를 보냈고, 통화 상대에게 "우리 직원이 급히 보고할 게 있어서 기다리고 있는데, 오래 붙잡아 두어 미안하다"라며 전화를 마무리했다. 상사는 나를 빌미로 무려 20분 넘게 이어지던 통화를 끝낼 수 있었고, 오히려 '잘 왔다'는 칭찬을 들었다.

'더듬이와 안테나'는 결코 그냥 세워두는 장식이 아니다. 작은 정보 하나, 스쳐 지나가는 사소한 장면 하나가 일이 풀리는 결정적인 열쇠가 된다. 읽어낸 맥락을 기반으로 준비하고 움직일 때, 그 차이가 드러난다.

눈치만 빠른 사람은 순간을 모면할 수 있지만, 관찰을 행동으로 전환하는 사람은 기회를 만들어 낸다. 관계와 성과, 신뢰를 동시에 얻을 수 있는 이유다. 그래서 더듬이와 안테나는 늘 세워두어야 한다. 눈에 보이지 않는 파동을 감지하고, 작은 신호를 읽어내고, 곧바로 실행으로 옮기는 것. 그것이야말로 당신을 든든하고 믿음직한 동료로, 나아가 '일 센스 있는 사람'으로 만들어 주는 핵심이다.

○

알아두면 쓸 데 있는
생활 정보

보고하러 실장님 방을 찾았더니, 다른 일에 몰두한 모습이었다.

나   "지금 보고드려도 될까요?"

실장   "벌써 시간이 이렇게 됐네. 들어와요. 업무부터 처리합시다."

상사는 식사 장소를 검색하던 중이었다. 업무로 자주 연락하는 교수님이 근처에 와서 점심을 함께하자는 연락을 받았다고 했다. 업무 보고를 마친 후, 상사가 고민하는 모습이 눈에 들어와서, 그 고민을 조금 덜어주자는 생각에 혹시 생각해 두신 식사 장소가 있냐고 질문했다.

임원들이 주로 가는 한정식집, 점심 특선 메뉴가 나오는 고깃집을 떠올렸지만, 교수님도 이미 가보았을 것 같다는 대답이 돌아왔다. 나는 최근 다녀온 깔끔한 식당, 평소 쉽게 접하기 힘든 메뉴가 있는 곳, 주차가 편리한 곳을 몇 군데 제안했다. 그리고 네이버 지도로 검색해 예약 가능 여부와 분위기를 확인할 수 있다고 알려드렸다.

실장   "오늘 김 주임이 큰일 덜어줬네. 고마워요. 걸어갈 수 있는 가깝고 시원한 이 식당으로 가자고 메시지 드려 볼게요. 근데 그 근처에 혹시 카페도 하나 있겠지?"

곧바로 미션이 하나 더 생겼다. 식당보다 카페가 훨씬 많으니 어렵지 않았지만, 그 가게에서 가장 가까운 카페는 스타벅스였고, 점심시간에는 자리가 거의 없다는 걸 떠올렸다. 대신 작은 골목 찻집을 추천했고, 포장해서 사무실에서 즐기는 대안도 말씀드렸다.

식당도 카페도 결정은 상사 몫이다. 혼자 고민하기에는 부족했던 정보를 곁에서 채워 넣었을 뿐이다. 상사가 어떤 선택을 하든 크게 상관없었다. 언급하지 않은 식당에 갈 수도 있고, 식당에서 주는 후식 음료를 마시며 대화하느라 카페에 갈 필요가 없을지도 모른다. 하지만 상사의 작은 고민을 거들었을 뿐인데, 상사가 내게 '도움을 준 직원'이라는 이미지를 가지게 되었다는 사실이 중요하다. 그는 그 뒤에도 종종 케이크가 맛있는 곳, SNS 추천 선물 목록 같은 소소한 생활 정보를 묻곤 했다. 대단한 정보는 아니었지만, 아는 만큼 답했고, 덕분에 대화는 한결 자연스러워졌다.

업무에 대한 구체적이고 믿을만한 정보는 힘이 되지만, 일상에서 얻는 작은 정보는 상황을 매끄럽게 하는 윤활유가 된다. 작은 정보가 대화의 불편함을 덜고, 준비되어 있다는 인상을 심어주며, 때로는 상대의 호감을 이끌어 낸다.

회사 근처 맛집, 카페, 주차장 정보를 미리 알고 있으면 확실히 대화의 조미료로 쓰일 때가 많다. 자주 쓰는 자료 위치, 자주 연락하는 부서 직원의 직통 번호, 사무용품 구매처 등 별것 아닌 것 같지만 업무에 도움 되는 사소한 정보를 잘 활용하면 거창한 아이디어보다 유용할 수 있다.

결국 일 센스란, 큰 그림만 보는 게 아니다. 눈에 잘 띄지 않는 작은 정보 하나도 적절히 쓰면 당신의 업무를 빠르고 매끄럽게 만든다. 더듬이를 세워 주변을 세심하게 살피고, 안테나처럼 넓게 신호를 잡아두자. 그렇게 쌓인 생활 정보와 업무 정보는 언젠가 상사의 신뢰, 동료의 호감, 당신의 평판을 결정 짓는 '보이지 않는 무기'가 될 것이다.

 ○○○   PART 2 배우면서 바로 써먹는 일 센스

작은 것으로 큰 효과를 보는
준비 센스

상사는 지난 일이
궁금합니다

파일만 덩그러니 보내온 어떤 직원의 메시지를 보고 마음속으로 답장을 보냈다. '안 그래도 바쁜데 나한테 숨은그림찾기라도 하라는 건가?' 아무리 자료가 훌륭해도 맥이 빠진다. 반면, 같은 상황에서 다른 직원은 이렇게 보냈다.

업데이트한 자료입니다. 1~2쪽만 보시면 됩니다. 지난 문서는 캡처해서 이미지로도 첨부했습니다.

무엇이 다른지 한눈에 보인다. 이렇게 보고 방식 하나로 상사의 피로도와 자료 이해도가 달라진다.

전·후 비교를 한눈에

'외부 기관이 참석했던 5년간의 회의 자료를 제출하시오'라고 감사팀에서 자료 요청이 왔다. 구체적인 항목 가이드는 없었다. 회의명·참석 기관·날짜·장소·인원 정도를 표로 정리해서 작성 중임을 미리 알렸다. 여러분이 상사라면 무엇이 궁금하겠는가?

- 타 부서에서는 어떤 수준으로 작성할지
- 최근 유사한 자료 요구가 있었는지
- 그때는 어떤 내용을 포함했는지

5년간 외부 기관 회의 현황 자료입니다. 항목 가이드는 없었지만, 참석 기관 정보를 포함하는 게 좋을 것 같아서 최근 유사 제출 자료에서 칸을 추가했습니다.

이렇게 보고하면, 상사는 귀로 듣고 눈으로 보며 핵심을 바로 파악할 수 있다. 예시를 보면 아래위를 번갈아 보며 차이를 찾게 하는 것보다, 한눈에 전·후가 드러나는 형태가 훨씬 낫다.

5년간 외부 기관 회의 현황_이전 자료 참고

연도	No	회의명	일시	장소	참석인원	주요 안건
2025	1					
	2					
2024	1					
	2					
	3					

5년간 외부 기관 회의 현황_참석 기관 추가

연도	No	회의명	일시	장소	참석 기관	참석인원	주요 안건
2025	1						
	2						
2024	1						
	2						
	3						

   PART 2 배우면서 바로 써먹는 일 센스

5년간 외부 기관 회의 현황

연도	No	회의명	일시	장소	참석 기관 (추가)	참석인원	주요 안건
2025	1						
	2						
2024	1						
	2						
	3						

수정 사항은 명확하게

자료를 버전업하는 중이라면 수정된 부분을 눈에 띄게 표시하는 것이 중요하다. 날짜 한 줄만 바뀌었든, 페이지 전반이 달라졌든, 변경 내용과 이유를 한눈에 확인할 수 있어야 한다. 간단한 수정은 '수정 사항'을 따로 기록하고, 자료에는 형광펜 표시만 해도 충분하다. 분량이 아주 적다면 포스트잇 메모도 좋다.

서술형 보고서를 다듬고 있다면, 이전 버전에서 삭제할 부분에 줄을 긋는 표시를 추천한다. 두 개의 파일을 따로 관리하다가 누락·중복이 생길 수도 있기 때문이다. 실수를 수

* 수정 사항

회의 일정: 9월 19일, 금요일 → 9월 22일, 월요일
장소: 3층 콘퍼런스룸 → 1층 소회의실
참석자: (추가) 홍길동, 김철수 대표님

습하는 데 드는 시간 낭비를 예방하기 위해서다. 상사가 특정 문장이나 단어를 직접 짚으며 피드백할 때도 시선이 바로 이동해 변경된 내용을 따라갈 수 있다. 법령 개정 의견을 작성할 때 쓰는 '신·구대조표' 방식과 같다. 변경 사유를 길게 쓸 필요는 없다. 상사가 읽는 속도를 보며, "첫 번째 문단은 추가한 내용은 없고, 간결하게 다듬기만 했습니다"처럼 간단히 덧붙이면 된다.

파일 관리와 전달 방식

계획서, 결과 보고 등 지속적으로 업데이트하는 자료는 전·후 비교를 명확히 하고, 파일명을 구분해서 저장해야 한다. 자칫 저장에서 실수하면 엉뚱한 파일을 보내는 사태가 발생한다. 그리고 파일만 전송해도 내용을 검토할 수 있게 구분해

     PART 2 배우면서 바로 써먹는 일 센스

서 보내고, 검토가 끝나면 수정 표시를 삭제해 최종 버전을 만드는 것이 효율적이다.

- 상반기 프로모션 월별 결과 보고_3(수정 부분 표시)
- 상반기 프로모션 월별 결과 보고_4(편집 완료)

이렇게 하면 보고 이후 곧바로 다음 단계로 넘어갈 수 있다.

상사도 기억이 흐릿해질 수 있다

"말씀하신 내용 수정했습니다." 이렇게 짧게만 언급하고 끝내는 보고는 아쉽다. 상사는 수많은 업무를 동시에 점검하고 피드백한다. 기억이 부분적으로 왜곡되거나 누락될 수 있다는 점을 잊지 말자.

"지난번에는 예산안에 A 안이 포함됐었는데, 이번에는 B 안으로 조정했습니다."

"회의 일정이 3일에서 5일로 변경돼서 자료도 그에 맞게 수정했습니다."

보고의 기본은 무엇이 바뀌었는지, 왜 바뀌었는지를 포함하는 것이다. 상사도 우리처럼 단순함을 선호한다. 바뀐 부분을 직접 찾아야 하는 '미션'을 없애주는 것이 우리의 일이며, 궁극적으로 이후 업무를 더 수월하게 만드는 노하우다.

결론, 바뀐 것을 먼저 보여라

보고의 첫 문장은 "무엇이 달라졌는지"를 밝히는 것으로 시작해 보자.

"흐름을 이해하기 쉽게 구조를 변경했고, 수정한 부분은 문서 내에 표시했습니다."
"기존 안에서 ①일정, ②장소, ③참석자를 수정했습니다. 회의 목적과 안건은 동일합니다."

이처럼 차이를 먼저 제시하면 상사는 곧바로 핵심을 파악할 수 있다. 반대로 변화를 스스로 찾아내야 하면 상사의 뇌는 불필요한 부담을 가지게 된다.

핵심은 '전·후 대비'다. 달라진 부분을 앞에 두면 대화의 초점이 흐트러지지 않고, 보고도 매끄럽게 이어진다. 이 습관

 ○○○

이 자리 잡히면 보고 시간은 절반으로 줄고, 수정 횟수도 현저히 줄어든다. 무엇보다 상사 입장에서는 "이 직원은 내 시간을 아껴준다"라는 인식이 생긴다. 작은 배려 같지만, 반복될수록 신뢰와 효율을 동시에 쌓는 확실한 방법이다.

상사의 시력을
지켜주세요

회의에 앞서 차 대리가 각 자리에 세팅된 인쇄물을 확인하며 뿌듯한 얼굴을 했다. 박람회 준비 회의라서 자료도 보충했고, 브리핑도 연습해 왔다. 그런데 회의 시작과 동시에 실장님이 안경을 벗어 얼굴에 바짝 대고 자료를 보더니 난감한 표정을 지었다. 팀장님도 인쇄가 흐리다며 다른 자료를 요구했다.

실장   "글씨가 잘 안보이네요? 설명하면 들으면서 볼게요. 시작하세요."

차 대리는 열심히 자료를 준비했지만, 2쪽 출력을 선택한 것이 화근이었다. 인원수보다 여유 있게 자료를 뽑았지만, 정작 중요한 것은 '얼마나 보기 쉬운가'였다. 회의 막바지에 팀장님이 수고했다고 격려하면서 혹시 인쇄 용지가 부족했냐고 질문했다. 사실 A4용지가 몇 박스나 쌓여있었는데, 평소 습관대로 2쪽 출력을 한 것이다. 2쪽 양면 출력까지 했으면 어쩔 뻔했나. 아찔했다. 아무리 자신감 있게 발표해도, 제반 준비가 잘 되어 있어도, 읽기 불편한 자료는 신뢰를 떨어뜨린다.

1주일 뒤 같은 회의. 이번에는 A4 단면으로 7쪽짜리 자료를 준비하고, 미리 출력해 가독성을 확인했다. 반응은 확 달라졌다.

실장　　"아이고, 오늘은 아주 잘 보이네. 고마워요."

자리 세팅은 이전만큼 신경 쓰지 못했지만, 회의 분위기는 훨씬 부드러워졌고, 결정도 원활하게 이루어졌다. 자료 준비의 본질은 내용만이 아니라, '읽는 사람이 얼마나 편하게 볼 수 있는가'다.

오 대리의 사례도 있다. 학술지 논문 중 업무와 관련성이 높은 내용을 발견했다. 상사에게 보고해야겠다고 생각했지만, 글자가 너무 작았다. 확대 복사해 보니 오히려 흐려졌고, A3용지는 다루기 불편했다. 결국 핵심 부분만 A4로 따로 복사해서 밑줄을 긋고 보고했다.

오 대리 "이 논문에 중요한 통계가 있습니다. 글자가 작아 불편하실까 봐 핵심 부분만 따로 준비했습니다."

상사 "이렇게까지 준비했는데 꼭 봐야겠네."

어떻게 준비해야 보고를 받는 사람이 보기 편할지를 생각하며 자료를 준비했더니, 역시 상사도 알아주었다. 자료는 많고 적음이 아니라, '핵심을 보기 좋게 전달했는가'로 평가된다.

회의나 보고의 목적은 결국 의사 결정이다. 그렇다면 준비해야 할 것은 두 가지뿐이다. 잘 보이게, 그리고 보기 편하게.

상사가 누구인지, 참석자가 어떤 연령대인지, 안건의 무게가 어느 정도인지에 따라 출력 방식은 달라진다. 기본은 A4 단면 출력이지만, 상황에 따라 양면·2쪽 출력이나 스크린

  PART 2 배우면서 바로 써먹는 일 센스

공유가 더 적절할 수도 있다. 영상 자료라면 태블릿 PC나 노트북으로 원본 그대로 보여주고, 상사의 의견을 이끌어낼 포인트를 미리 표시해 두어야 한다.

"3분 20초 위치, 이번 캠페인의 슬로건을 강조하고 있습니다. 시간이 너무 짧아 보이는데 어떠신가요?"

자료의 형식이 종이든 화면이든 중요하지 않다. 핵심은 상대가 보고, 이해하고, 판단하기 편해야 한다는 것. 자료는 읽기 어려우면 그 순간 힘을 잃는다. 반대로, 보기 편하면 내용이 조금 부족해도 신뢰를 얻는다.

준비 센스란, 자료를 얼마나 많이 모았는지가 아니다. 상사의 눈높이에 맞춰, 시력을 지켜주는 준비를 했는가에 달려 있다. 글자가 선명하게 보이고, 핵심이 한눈에 들어오며, 필요할 때 바로 찾을 수 있게 준비하는 그 배려가 상사의 기억에 남는다. 작은 배려가 회의의 분위기를 바꾸고, 평가를 바꾸며, 결국 당신에 대한 신뢰를 바꾼다.

상사의 시력을 지켜주는 순간, 당신의 보고는 힘을 얻는다는 걸 기억하자.

무지갯빛
인덱스의 힘

상사　"으음, 이건 계획서 초안, 두 번째는 지난해 실적, 마지막은 타 기관 현황표군요. 이렇게 구분해 주니 보기가 편하네. 다른 곳들은 어떻게 하나 먼저 볼까?"

직장인 중 '한 번에 한 가지 일만 하는 사람'은 없다. 굵직한 프로젝트도 세부 단위로 쪼개면 여러 업무가 동시에 굴러간다. 한 문서에 모든 내용을 담기 어렵고, 검토·참고해야 할 자료가 많을 수밖에 없다. 이 많은 자료를 겹쳐놓아야 할 때가 많은데, 회의나 보고 때 필요한 페이지를 찾느라 고생했던 적이 한번쯤 있을 것이다. 하물며 직접 작성하지 않은 자료를 보는 사람은 전체 흐름을 파악하기가 더 어렵다.

이럴 때 작은 인덱스 스티커 하나가 자료를 찾는 수고를 덜어줄 수 있어서 회의와 보고의 효율을 크게 높인다. 회의나 보고 자리에서는 특히 '빠른 파악'과 '핵심 전달'이 가능한 상태로 자료를 준비하는 것이 기본이다.

L자 파일, 바인더 등 여러 방식을 시도해 봤지만, 꺼내고 넣는 과정이 번거롭고 회의 중 비닐 바인더에서 문서를 꺼내는 모습은 괜히 눈치가 보인다. 게다가 연차가 쌓이고 직급이 올라갈수록 회의·발표·대면 보고가 늘어난다. 발표 후 질의응답 시간에는 질문을 들으며 동시에 필요한 자료를 빠르게 찾을 수 있어야 한다. 자료가 많을수록 인덱스로 구분을 해두면 찾기가 훨씬 수월하다.

대부분의 문서는 A4용지 2~3장 이상이고, 토의 상황에 따라 추가 자료도 챙겨야 한다. 스테이플러로 묶어도 좋지만, '몇 번째 문서인지' 바로 확인할 수 있는 장치가 필요하다. 이때 인덱스 스티커에 핵심 단어를 적어 붙이면 자료를 지폐 세듯 넘길 필요 없이 1초 만에 찾을 수 있다. 불필요한 자료를 넘기는 과정 없이 곧바로 본론으로 들어가게 해준다.

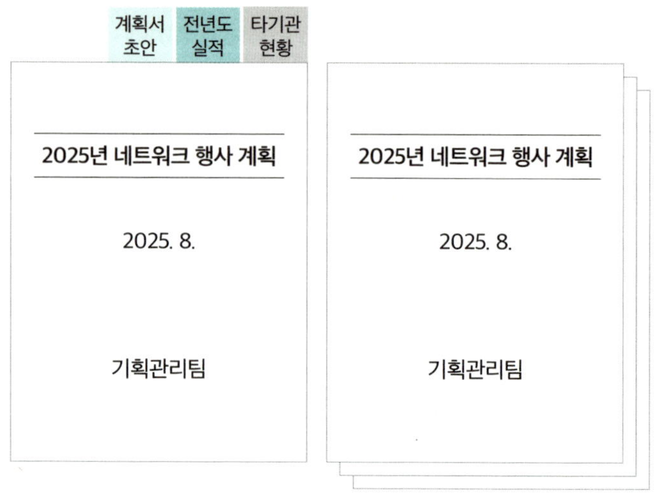

자주 하기 쉬운 실수

보고서 1종과 참고 자료 3종을 준비해서 부서장 보고를 갔다. 후배에게 '인덱스를 붙이라'라고만 지시했더니, 제목 없이 분홍색 인덱스만 붙어 있었다.

부서장 "예쁘라고 붙인 건가요?"

부서장은 혼잣말인 듯 질문하며 고개를 갸웃했고, 결국 의미 없는 장식이 됐다. 인덱스의 목적은 '찾기 쉽게 만드는 것'인데, 이를 이해하지 못한 채 형식만 갖췄기 때문에 벌어진 일이었다. 또 다른 후배는 클립으로 문서를 구분했다. 처음에는 간단해 보였지만, 5개 이상의 문서에 각각 끼운 클립이 종이에 걸리고 바닥에 떨어지면서 문서 순서가 뒤섞였다. 문서를 구분하려던 시도가 오히려 혼란을 키운 셈이다.

결국, 도구를 쓰는 목적과 한계를 모르면, 어떤 장치도 장식품에 불과하다. 올바른 인덱스 사용법을 알아야 진짜 정리 효과를 얻을 수 있다.

올바른 사용법

인덱스를 잘 쓰면 자료를 찾는 속도와 효율이 눈에 띄게 달라진다. 자료의 성격을 명확히 보여줄 정보(제목, 날짜, 핵심 단어)는 빠짐없이 적어야 한다. 특히 회의록이나 보고서처럼 시점이 중요한 자료라면 인덱스에 날짜를 넣어두는 것이 필수다. 중요 자료는 쉽게 구부러지지 않는 넓고 단단한 재질을 사용하면 오랫동안 형태를 유지할 수 있다.

색상은 통일해 시각적 질서를 만들고, 구분이 필요한 자료만 별도의 색으로 표시한다. 또한 글씨는 볼펜보다 네임펜으로 쓰는 것이 시간이 지나도 또렷하게 남아 식별이 빠르다. 이렇게 인덱스로 구분하여 자료를 정리하면, 단순한 분류를 넘어 보완이 필요한 자료와 참고용 자료를 명확히 구분하게 된다. 이후 준비가 훨씬 효율적이고 알차게 진행되는 것은 물론이다.

1. **제목, 날짜, 핵심 단어**는 반드시 적는다.

2. 자료의 성격이 날짜 중심이라면 반드시 인덱스에 날짜를 넣어야 한다.

3. **중요 자료**는 다른 인덱스보다 **넓고 빳빳한 재질**을 사용한다.

4. 색상은 통일하고, **특별히 구분할 자료만 다른 색**을 사용한다.

계획안	전년도 실적	타기관 현황

2025년 네트워크 행사 계획

2025. 8.

기획관리팀

1분기	2분기	3분기

재활 프로그램 월별 현황

2025. 9.

재활팀

5. 볼펜보다는 네임펜을 사용하면 글자가 선명하고 식별
   이 빠르다.

확장 활용, 회의 자료를 넘어선 응용

태블릿PC나 공용 디바이스로 회의를 진행할 때도 마찬가지다. 파일을 여러 개 띄워놓고 비교하기 어려운 환경이라면, 참고 자료를 출력하고 인덱스를 붙여 배부하는 것이 회의 흐름을 끊지 않는다. 주요 자료는 화면으로, 부가 자료는 책상에 펼쳐두면 참석자와 발표자 모두가 편하다.

업무 관련 지침서 등 자주 참고하는 자료와 해당 페이지에 인덱스를 붙여두면 효율이 높아진다. 단순 참석하는 회의 자리에도 인덱스 스티커 두세 가지 색상을 챙겨 가면 좋다. 업무에 참고할 내용, 질문, 아이디어 위치에 표시하면 연속성 있게 일할 수 있다. 게다가 필요한 순간 꺼내 붙이는 것만으로도 '준비성이 있는 직원'이라는 인상을 줄 수 있다. 이렇게 도구를 활용하는 범위를 넓히면 회의 시간 단축, 논의 집중, 자료 활용도 향상이라는 3박자의 효과를 얻을 수 있다.

결론, 작은 인덱스가 만드는 큰 차이

인덱스 스티커는 하찮아 보이지만, 회의 집중도와 자료 전달

속도를 끌어올리는 '작은 장치'다. 제목 없는 인덱스는 장식일 뿐이지만, 색·위치·단어가 명확한 인덱스는 업무 효율과 신뢰를 동시에 올린다. 상사가 디테일까지 챙기지 않아도 안심하고 보고를 받을 수 있는 상태를 만드는 것, 그것이 진정한 센스다. 인덱스 스티커는 단순한 조각이 아니라 준비성과 배려를 드러내는 작은 무기가 된다. 한 끗 차이가 보고의 질을 가르고, 그 차이가 쌓이면 '일 잘하는 사람'이라는 평가로 돌아온다.

당신의 탁상 달력엔
무엇이 적혀 있나요?

연말이면 각종 달력이 책상 위로 쏟아진다. 3단 벽걸이, 탁상 달력, 업무용 다이어리, 심지어 거래처에서 보내온 달력까지. 대부분은 새해 첫날 공휴일과 명절 연휴를 훑어보고, 여름휴가 시기를 가늠하는 데 쓰인다. 하지만 책상 위 달력이 오직 휴가 체크용으로만 쓰이고 있다면, 절반밖에 활용하지 못하는 것이다.

잠시 당신의 탁상 달력을 떠올려 보자. 가족 생일, 휴가 일정, 개인 약속만 적혀 있다면 이제 회사 일정도 적어야 한다. 회사 달력에 회사 일을 기록하는 것, 그 습관 하나만으로도 당신의 업무는 훨씬 매끄럽게 굴러간다.

어떤 순서로 무엇을 적으면 좋을까?

① 창립 또는 개소 기념일과 같은 고정 일정을 적는다.

창립기념일, 개소일 같은 날짜는 형광펜이나 굵은 네임펜으로 눈에 잘 띄게 표시한다. 이 시기에는 기념행사, 이벤트가 몰려 있기 때문에 다른 일정을 피하거나 미리 준비할 수 있다. 그리고 이런 큰 행사에는 임원진들이 참석하므로 부서의 공식 일정도 피해서 잡을 수 있다.

② 회사의 또 다른 규칙적인 연례행사를 적어보자.

매년 반복되는 캠페인 주간, 임원 출장, 가족 초청 행사 등은 대략적인 시기라도 달력에 표시해 둔다. '5월 초', '3월 둘째 주'처럼 메모해 두면, 그 즈음 큰 일정이 있음을 예상할 수 있다.

③ 부서의 주요 일정을 표시하자.

내 업무가 아니더라도 부서장이 참석해야 하는 회의나 행사는 반드시 달력에 기록한다. 행사 2~3일 전부터는 보고나 결재가 어려울 수 있으니, 내 일정 조정에도 큰 도움이 된다.

④ 담당 업무 중 일정을 확정해야 하는 일을 적어보자.

확정이 필요한 업무는 연필로, 후보 일정은 인덱스 스티커로 적어 수정이 가능하게 한다. 예를 들어 창립기념일 직후에 회의를 잡으면 준비와 복귀가 모두 힘들다. 달력에 미리 기록해 두면 이런 불상사를 피할 수 있다.

이 네 가지를 업무용 다이어리 월간 스케줄에 동일하게 적용해도 좋다. 기록된 달력은 회의 자리에서 특히 빛을 발한다. 회의 중 "다음 회의는 언제 할까요?"라는 질문이 나오면, 내 달력 속 일정과 겹치는지 즉시 확인할 수 있다. 그 자리에서 가능 여부를 판단해 답하면 일이 매끄럽게 흘러간다.

여러 부서가 모여 4/4분기 일정 조율을 하던 중, 회의 날짜 후보가 제시되었다. 한참 뒤에 있을 일이라 모두가 "괜찮을 것 같다"라며 고개를 끄덕였지만, 나는 탁상 달력을 들여다보다가 손을 들었다.

나　　"그 주는 캠페인이 있습니다. 담당 부서가 제일 바쁘겠지만, 다른 부서도 참여해야 하니 어렵지 않을까요?"

모두가 처음 듣는 소식이라 회의장은 잠시 정적이 흘렀다. 담당 실장님도 "맞다, 그 주는 힘들겠다"라며 고개를 끄덕였다. 덕분에 회의는 불필요한 재조정을 피하고 바로 다음 안건으로 넘어갈 수 있었다. 탁상 달력의 작은 메모 하나가 회의 흐름을 바꾸고, 실무자의 신뢰를 높였다.

비슷한 상황에서 달력을 챙기지 않은 다른 직원이 있었다. 회의에서 날짜가 정해지자, 모두 문제없다고 동의했다. 그러나 사무실로 돌아와 확인해 보니, 바로 그 주에 팀 워크숍이 예정되어 있었다. 뒤늦게 알게 된 그는 부랴부랴 다른 부서 사람들에게 전화를 돌려 양해를 구해야 했다.

직원 A "죄송합니다. 그 주는 저희 부서 워크숍이 있어서 회의 참여가 어렵습니다. 일정을 다시 조율해야 할 것 같습니다."

이미 공문까지 발송된 상태라 조정 과정은 길어졌고, 여러 사람의 불편과 불만을 감수해야 했다. 달력에 기록하지 않은 작은 부주의가, 불필요한 작업과 신뢰 손실로 이어진 것이다.

휴가 날짜만 체크하는 달력은 반쪽짜리다. 회사 일정을 적어두는 달력이야말로 준비 센스의 출발점이다. 작은 기록 습관 하나가 불필요한 실수를 줄이고, 당신의 하루를 훨씬 여유롭게 만든다. 당신의 탁상 달력은 지금 무엇을 보여주고 있는가? 휴가 날짜 몇 개뿐인가, 아니면 회의와 행사, 부서 일정을 한눈에 볼 수 있는 든든한 지도인가? 그 차이가 바로 당신의 준비 센스를 말해준다.

퇴근 10분 전,
내일의 나를 구해주세요

아침에 출근해 책상에 앉으면 가장 먼저 무엇을 하는가? 컴퓨터 전원을 켜거나, 지워진 화장을 확인하거나, 무심코 메신저 알림을 열어보기도 할 것이다. 하지만 이보다 업무에 훨씬 더 도움이 되는 행동이 있다. 바로 습관처럼 하루 일정을 메모하는 것이다. 앱이든, 다이어리든, 포스트잇이든 형식은 상관없다. 유지하기 쉬운 방법이 가장 좋은 방법이다.

보통은 출근 후에 오늘의 할 일을 적지만, 이 일을 퇴근 직전에 한다면 효과는 배가 된다. '아차!' 하고 떠오르는 일을 미리 기록할 수 있고, 놓쳤다간 큰 실수로 이어질 일을 예방할 수 있다. 이미 해야 할 것을 놓쳐 철렁한 경험을 한 직장인이라면 공감할 것이다. 퇴근 전 10분은 단순한 시간이 아니라, 내일의 나를 도와주는 투자다.

입사 1년도 채 되지 않은 직원 책꽂이에 꽂힌 매뉴얼을 찾으려다 우연히 모니터 옆에 붙은 메모지를 보았다. 정사각형 포스트잇 한 장에 다음 날 할 일이 빼곡히 적혀 있었다.

3월 16일(월)
- 부서장님 보고(교육 계획, 실적 제출)
  * 내일 10시 회의 전에 전화 드리기
- ~~디자인 플랫폼 사용 연장 신청~~
- 회의 자료 취합 안내(3명 완료, 4명 연락 안 됨)
  → 팀장님께 부탁? 이메일 재발송?
- 홍보 포스터 디자인(수요일까지)
- 1분기 실적표 제출(다음 주 제출, 월요일 오전에 부서장님이 찾을 수 있음)
  → 목요일까지 끝내기
- 금요일 연가 예정

포스트잇 한 장에 딱 맞게 들어가는 정도의 내용이 적혀 있었고, 두 번째 항목은 이미 완료 표시가 되어 있었다. 나머지는 순서대로 진행할 수 있게 정리되어 있었다. 출근하자마자 부서장님 회의 일정을 확인하고, 보고 일정을 먼저 잡은 뒤 다른 업무를 이어가면 되는 그림이었다. 갑자기 긴급 업무가 들어오더라도 전체 일감을 한눈에 볼 수 있으니, 무엇을 미루고 무엇을 당겨야 할지 빠르게 판단할 수 있었을 것이다.

이 습관은 단순한 체크리스트 작성이 아니다. 반복하다 보면 보고 타이밍, 협업 요청 시점, 기한을 맞추는 감각이 자연스럽게 몸에 배게 된다. 업무가 지연되더라도 변수를 빨리 알아차리고, 신속하게 대안을 찾을 수 있다.

월요일 아침, 출근하자마자 부서장이 불쑥 물었다.

부서장   "실적 취합 다 됐나? 임원 회의 들어가기 전에 미리 보면 좋겠는데."

신입의 동료들은 순간 당황해 서로 눈치를 봤지만, 그는 전날 메모를 확인하고 준비해 둔 자료를 꺼냈다.

신입 직원 "네, 있습니다. 합계가 정확한지 검토해서 바로 드리겠습니다.”

부서장은 놀란 듯 고개를 끄덕이며, ‘덕분에 마음 놓고 회의에 들어간다’라고 칭찬했다. 전날 남겨둔 작은 메모가, 아침 회의의 긴장감을 자신감으로 바꿔놓은 순간이었다. 메모에 기록하며 그는 일의 순서를 미리 정리해 두었고, 예상 질문에 대한 답도 준비할 수 있었다. 상사가 요구하기 전 먼저 자료를 내밀자 회의는 매끄럽게 흘러갔고, 동료들까지 함께 안도할 수 있었다.

퇴근 전 10분, 작은 메모가 만드는 변화는 의외로 크다. 오늘의 내가 내일의 나를 위해 다리를 놓아두는 것이다. 이 다리 하나만 있어도 아침의 허둥댐은 줄고, 하루의 첫 시작은 훨씬 단단해진다. 단순한 메모지만, 그 메모 한 장이 상사의 신뢰를 불러오고 동료에게 든든함을 주며, 당신에게는 흔들리지 않는 자신감이 된다.

‘내일의 나야, 잘 부탁한다’라며 일을 미루지 말자. 어제의 내가 내일의 나를 도울 수 있도록 퇴근 10분 전, 책상 위에 작은 메모를 남겨 보자. 그 습관 하나가 당신을 준비된 사람으로 만든다. 그것이야말로 준비 센스다.

작은 루틴,
나부터 시작해 보세요

회사에서 하는 일은 모두 상사와 연결되어 있다. 보고 한 번, 결재 한 번, 회의 한 번이 결국 성과와 평가로 이어지기 때문이다. 동료와의 관계도 물론 중요하지만, 상사와의 관계는 업무의 방향과 속도를 좌우하기 때문에 훨씬 큰 비중을 차지한다. 직장인에게 상사와의 관계는 단순한 인간관계를 넘어, 업무를 원활하게 해내기 위한 핵심 조건이 된다.

하지만 문제는, 상사와의 관계가 늘 일정하지 않다는 것이다. 상사는 어떤 날은 세세한 부분까지 꼼꼼히 챙기다가,

또 어떤 날은 중요한 사안조차 대충 넘기는 것 같다. 어떤 날은 아침부터 보고받길 원하지만, 또 어떤 날은 오후 늦게야 묻는다. 이렇게 상사의 기준이 매번 달라지면 실무자는 늘 긴장할 수밖에 없다.

이 불안과 긴장을 줄이는 가장 확실한 방법이 바로 '루틴'을 만드는 것이다. 내가 먼저 일정한 패턴으로 보고하고 공유하는 습관을 들이면, 상사도 점차 그 리듬에 맞춰 움직이게 된다. '이 직원은 월요일 아침마다 일정을 알려주네', '중요한 변경이 있으면 반드시 업데이트가 올라오겠지' 하고 안심하는 것이다. 그래서 나는 매주 월요일 아침, 출근하자마자 상사에게 메신저를 보낸다.

> 이번 주 주요 일정을 미리 보고드립니다.

> 이번 주 결재 상신할 문서를 미리 보고드립니다.
> ① 직원 워크숍 결과 보고(만족도 4.7점/5점)
> ② 홍보 영상 제작 의뢰 계획안(업체 선정 완료, 내부 결재 후 계약서 작성 예정)
> ③ 운영 회의 개최 안내(대내외 시행 공문, 회의 자료는 다음 주 내로 완료 가능)

금요일 오후에는 이렇게 보낸다.

> 이번 주 보고 드린 일정 중 변경 사항이 있어 업데이트 보고드립니다.

짧은 문장이지만, 이런 보고가 몇 주 반복되자 상사도 점차 기대하기 시작했다. 패턴이 만들어지니 예측이 가능해졌고 예측 가능성은 곧 신뢰로 이어졌다.

처음에는 단순히 보고 시점을 잊지 않기 위해 시작한 습관이었지만, 시간이 지날수록 분명한 변화가 생겼다. 주말 동안 대략 정리한 내용을 월요일 아침 보고용으로 다시 다듬으니 한 주의 그림이 머릿속에 그려졌다. 작은 업데이트라도 빠뜨리지 않으려고 노력하니 업무 흐름을 놓치지 않게 되었고, 상사의 반응을 보며 어떤 방식이 더 효과적인지도 배워갔다. 팀장이 되고 난 후에는, 팀원들이 담당하는 업무에서도 중요한 내용을 모아서 미리 보고하니 상사도 편하고 팀원들도 보고 일정을 고려해서 계획적으로 일을 하는 긍정적인 변화를 보였다.

사실 회사 일이라는 게 대부분은 '스스로 알아서 처리하면 끝나는 일'처럼 보인다. 하지만 그 안에는 '주변 사람을 안심시키는 힘'이 숨어 있어야 한다. 내가 맡은 일을 잘하고 있어도, 상사나 동료가 '혹시 빠진 건 없나? 일정은 맞춰질까?' 하고 불안해한다면 그것은 반쪽짜리 성과에 불과하다. 루틴은 이 불안을 줄여주는 장치다.

어느 날은 긴급 자료 요청이 한꺼번에 들어와 보고가 늦어진 적이 있었다. 대략적인 상황을 정리해 메신저로 보내자, 상사가 답했다.

어쩐지, 이번 주 업무 계획 보고가 없길래 이상하다 싶었는데, 긴급 자료 때문이었군요. 준비되는 대로 오세요.

보고가 늦어졌지만, 상사는 오히려 '이유가 있겠지'라고 생각하며 믿고 기다려 주었고, 상황을 이해했다. 평소에 일정한 패턴으로 보고가 이어졌기 때문에 가능한 반응이었다. 즉, 루틴은 보고가 조금 늦어지는 변수가 생겨도 신뢰를 지켜주는 안전망이 된다. 단순히 내용을 전달하는 차원을 넘어, 보고자의 신뢰도를 쌓아가는 무기인 것이다.

루틴의 힘은 팀 차원에서도 발휘된다. 월간 실적 입력 기한을 지키지 않아 누군가 대신 업무를 떠안게 되거나, '이번 주 누가 휴가였지?', '그 안건은 언제 결재 올릴 거야?' 같은 사소한 확인 대화가 반복되면 불필요한 피로감이 쌓인다. 그러나 간단한 규칙이 루틴으로 정착되면 상황은 달라진다.

- 매월 5일 17시까지 전월 실적 입력

- 매주 월요일 9시 30분까지 주간 일정 업데이트
- 금요일 오전까지 개인별 업무 리뷰

규칙이 없거나, 규칙을 제안하기 조심스러운 상황이라면 당신이 그 루틴을 만드는 기초를 다질 수 있다.

이 메시지를 몇 달 반복하면 적어도 실적 입력 기한은 암묵적인 약속으로 자리잡히고 팀 내 루틴이 된다. '나부터' 시작하면 자연스럽게 분위기는 따라온다. 시간이 지나면 상사도 분명 "이 주임처럼 규칙적인 업무는 대략적인 일정을 정해서 미리 준비할 수 있게 사전 공지하세요"라고 선언할 날이 온다.

'우리 부서는 왜 이렇게 기준도 없고, 매번 방식이 다르지?' 하고 불평만 할 것이 아니라, 작은 루틴 하나를 나부터 시작해 보자. 그것이 반복되면 동료가 따라오고, 상사가 따라오며, 결국 조직 전체의 문화가 바뀐다.

팀원 모두 공유할 수 있는 캘린더나 주간 일정표를 활용할 수 있으면 좋다. 이 자료만 확인해도 동선과 계획을 알 수 있기 때문이다. 불필요한 연락이 줄고, 누군가 자리를 비워도 당황하지 않는다. 일을 잘하는 팀은 개인의 역량 합계로 만들어지지 않는다. 일이 예측 가능하도록 흐름을 얼마나 잘 만들어 두었는가에 달렸다.

조직 차원에서도 루틴은 중요한 자산이다. 회사에는 분명 규칙과 절차가 있지만, 실제 현장에서는 '그때그때 되는 대로' 처리되는 경우가 많다. 버전 관리가 되지 않아 파일이 중복되거나, 결재 문서가 늦게 올라와 회의 직전에야 확인되는 일이 대표적이다. 하지만 간단한 원칙이 루틴으로 자리 잡으면 업무는 시스템처럼 굴러간다.

- 최종 파일에 날짜 붙이기
- 외부 메일 발송 시 팀원 전원 참조
- 회의 전날 오후 5시까지 안건 제출

갑작스러운 병가나 휴가, 심지어 퇴사 같은 변수가 생겨도 남은 사람들이 어렵지 않게 예측하며 대응할 수 있다.

루틴은 일정 관리에만 국한되지 않는다. 중요한 요청은 반드시 메신저 대신 이메일로 남긴다, 외부 문의는 즉시 공유

채널에 올린다와 같은 약속도 필요하다. 사소해 보이지만, 이런 원칙이 없으면 불필요한 감정 소모와 갈등이 생긴다. 반대로 이런 약속이 습관으로 자리 잡으면 서로의 행동을 예측할 수 있어 안심된다.

루틴은 나를 길들이는 습관이자, 상대를 안심시키는 약속이다.

루틴은 예측 가능성을 만들고, 예측 가능성은 신뢰를 만든다. 신뢰는 결국 당신의 준비 센스에서 비롯된다. 상사는 보고 패턴을 예상하며 안심하고, 동료는 서로의 일정을 파악해 불필요한 걱정을 덜 수 있으며, 조직은 작은 규칙들이 모여 하나의 시스템으로 움직인다. 그리고 이것들이 모여 당신 스스로를 더 단단한 사람으로 성장시킨다.

주머니 속
펜 하나의 쓸모

기관장 대면 보고를 준비하고 있었다. 부서장님이 보고 자료를 검토하던 중 "이 부분을 강조해서 말씀드려야겠는데"라고 하며 주변을 두리번거렸다.

나　　"혹시 형광펜 필요하세요?"

이렇게 말하며 노란색 형광펜을 건네자, "하여튼, 없는 게 없다니까"라며 형광펜을 받아 들고 표시했다. 물론 부서장님 방에도 형광펜은 있다. 고급스러운 사무용품도 많았다. 그러나 지금 당장 손에 닿는 게 필요했다. 미리 챙겨둔 작은 도구 하나가 보고 분위기를 바꿔놓은 것이다.

혹시나 하는 생각에 챙겼던 형광펜, 빨간색 볼펜 한 자루가 요긴하게 사용된 적이 꽤 많았다. 적은 노력 대비 효과가 큰 센스였다.

비슷한 경험은 또 있었다. 위원회 위원의 서명을 받아야 했는데, 계속 엇갈리던 타 부서 실장님과 화장실 앞에서 우연히 마주쳤다. 펜이 없다는 핑계로 사인을 또 미루려는 순간, 나는 주머니에서 볼펜을 꺼내며 말했다. "펜 찾으세요? 제가 준비했습니다. 여기 있습니다."

그 자리에서 바로 서명을 받고 일을 마무리할 수 있었다. 이 작은 도구가 없었다면, 다시 약속을 잡으며 시간을 허비했을 것이다.

몇 번 이런 상황을 겪고 난 뒤, 회의나 보고 자리마다 여분의 펜을 꼭 챙기는 습관을 들였다. 삼색 볼펜, 형광펜, 인덱스 스티커는 기본이다. 실적이나 예산 관련 보고 자리에는 계산기도 챙겨간다. 숫자로 대답해야 하는 순간이 반드시 오기 때문이다.

상사   "상반기까지 연간 목표 절반은 달성이 되나?"

나   "잠시만요, 바로 계산해 보겠습니다."

물론 예상되는 수치는 미리 계산해서 보고에 대비하지만, 상사가 추가로 궁금해하는 질문에 바로 답할 수 있게 계산기를 가져가는 것이다. 즉석에서 숫자를 확인해 주는 순간, 상사는 내가 얼마나 준비된 사람인지 자연스럽게 느낀다.

작은 도구는 생각보다 더 큰 차이를 만든다. 회의에서 중요한 부분을 색깔 펜으로 체크하면, 나중에 결과를 정리할 때 훨씬 수월하다. 인덱스 스티커는 두꺼운 자료집 안에서 필요한 부분을 바로 찾게 해준다. 계산기는 상사의 질문에 망설이지 않고 답할 수 있는 든든한 지원군이 된다. 이런 준비물은 단순히 편리한 수준을 넘어, '이 직원은 내 입장에서 이미 한 발 앞서 준비하고 있구나'라는 상사의 긍정적인 인식을 만들어 낸다.

집에 있는 고급 우산보다 가방 속 3단 우산이 더 쓸모 있는 순간이 있듯, 회의나 보고 자리에서 필요한 것은 거창한 자료나 방대한 준비물이 아니다. 그때그때 바로 꺼내 쓸 수 있는 작은 도구들이다. 만약 그때 가지고 있지 않았다면 불편하거나 놓칠 수 있었던 순간이, 펜 하나, 스티커 하나 덕분에 매끄럽게 넘어간다.

이 원리는 다른 상황에도 응용할 수 있다. 회의를 준비할 때 참석자별로 색깔 펜과 연필, 지우개, 인덱스 스티커를 기본 세트로 배치하는 것이다. 혹은 심사·평가처럼 수치를 정확히 확인해야 하는 자리라면 계산기를 한 대씩 두는 것도 방법이다. 참석자들이 자료를 직접 표시하고 즉석에서 수치를 확인할 수 있는 환경을 마련해 주면, 회의의 몰입도와 진행 속도가 달라진다. 작은 준비가 회의 전체의 효율을 끌어올리는 것이다.

결국 도구 활용은 단순히 편의성만을 위한 게 아니다. 작은 준비물이야말로 당신이 '준비된 사람'이라는 강력한 메시지를 전달한다. 자료를 방대하게 챙기는 부담스러운 준비보다 훨씬 쉽고, 무엇보다 지금 당장 실행할 수 있는 습관이다.

재킷 주머니 속 펜 하나가 일의 흐름을 바꾸고, 계산기 하나가 신뢰를 쌓는다. 도구는 센스의 확장판이며, 준비 센스를 드러내는 가장 간단한 방법이다. 작은 준비 하나가 당신을 센스 있는 사람으로 기억되게끔 만든다.

한 마디도 임팩트 있게,
표현 센스

A를 물으면 A' 말고
A+α로 답하세요

팀장 "총무과에서 자료 언제까지 달라고 하던가요?"

직원 A "제가 어제 전화해 봤는데, 촉박하다고 하시더라고요. 저희도 바쁘다고 말씀드리긴 했는데, 다른 부서에서도 여러 통 전화를 받으신 거 같았어요."

팀장 "그래서 언제까지예요?"

직원 A "시간이 별로 없긴 한데…"

팀장 "언제까지라는 거예요?"

세 번의 질문을 거쳐서야 겨우 자료 제출 날짜를 들을 수 있었다. 위와 같은 대화라면, 부서의 사정을 배려해 일정을 조율하려 했던 그 직원의 노력은 전혀 드러나지 않는다.

팀장　"총무과에서 언제까지 자료 달라고 하던가요?"

직원 B　"내일 오후 3시까지요."

질문에 맞는 대답은 분명하다. 하지만 여기서 멈추면 다시 추가 질문이 이어진다.

팀장　"너무 촉박한데 좀 미뤄달라고 해보면 어때요?"

직원 B　"사실 연락해 봤는데, 최대한 늦춘 게 그 시간이라고 하셨어요. 시설 점검 일정 때문에 자료를 다 받아야 직원들이 투입될 수 있다고 해서 3시까지 드려야 될 것 같아요."

이렇게 답하면 달라진다. 기한이 '내일 오후 3시'라는 사실뿐 아니라, 일정 조정 시도와 총무과의 사정까지 전달된다. 상사는 더 묻지 않아도 결론을 낼 수 있다. 질문 한 번에 답변이 완결되니, 실무자는 준비성 있는 직원으로 보인다. 작은 차이가 신뢰의 단초가 된다.

대답 한마디가 달랐을 뿐인데 3~5분 정도의 시간은 절약할 수 있고, 부서의 사정을 고려하고 일을 계획적으로 하기 위해 일정 조정을 시도하는 적극적인 직원이라는 눈도장까지 찍게 된다. 이런 경험이 하나씩 쌓이면 어떨까? 추가적인 정보를 파악하고, 조정을 시도하는 일 속에서 다른 부서 직원들과 소통하는 스킬이 늘고, 더 알게 되는 정보도 쌓인다. 운이 좋으면 일정을 연기하는 데 성공해서 자료 작성 시간을 충분히 확보하려던 목적을 달성할 수도 있을 것이다.

비슷한 상황은 외부와의 통화에서도 나타난다. 무리한 요구 사항을 계속 주장하며 자주 연락하는 단체가 있었다. 우연히 전화를 당겨 받아 그 단체 담당자와 통화를 하게 되었는데, 연락을 준다더니 왜 답이 없냐고 다짜고짜 화부터 냈다. 전화를 당겨 받아서 죄송하지만 내용을 자세히 알지 못하는데 어떤 연락을 주셨고, 언제까지 답변을 받기로 하셨는지 질문하니 그동안의 일을 언성 높여 말했다. 무리한 요구였지만 확인 후 연락하겠다던 담당자로부터 연락을 받지 못한 건 사실이었다. 확인 후에 늦어도 내일까지 꼭 연락드리겠다고 이름까지 알려드린 후 전화를 끊었다.

　　　　　PART 2 배우면서 바로 써먹는 일 센스

담당자가 자리로 돌아왔을 때 물었다.

나　"A 기관에서 회신을 요청했는데, 아직 연락을 못 받았다고 전화가 왔어요. 연락드렸는데 그쪽에서 전달이 안 된 거예요?"

담당자　"아닙니다. 아직 연락을 못 드렸습니다."

나　"연락드린다고 했던 건 맞아요?"

담당자　"네, 맞습니다."

나　"그럼, 언제 연락드리려고 했던 거예요?"

담당자　"제가 어떻게 할 수 없는 일이라서 따로 일정을 생각하지는 않았습니다."

나　"이미 여러 번 연락하셨는데, 들어줄 수 없는 요구면 정확히 끊고 우리가 도와줄 수 있는 내용이라도 말씀드려야 하지 않아요?"

담당자　"제가 어떻게 할 수 없는 내용이라서….."

나　"내일까지 꼭 연락드린다고 하고 통화 마무리했는데, 통화할 수 있겠어요?"

담당자　"네, 연락드리겠습니다."

나　"무슨 내용으로 얘기할 거예요?"

담당자　"저희가 할 수 있는 게 없다고 말씀드리겠습니다."

나   "이미 여러 번 연락하셨는데, 그 한마디 대답을 이렇게
            몇 주나 미루고 있었다고 하면 더 화나지 않으시겠어
            요?"

담당자   "……"

위 대화를 보면 어떤가. 질문에 맞는 대답은 막힘없이 돌아왔지만, 찐 고구마를 물 없이 먹는 것처럼 답답하다. 비록 일 처리 방식에 미흡함이 있을지라도, 해결에 도움을 줄 수 있는 선배 혹은 상사와 의사소통이 잘 되면 일에 있어 부족함을 메울 수 있다.

담당자   "아직 연락을 못 드렸습니다. 요구가 무리한 데다 강하
            게 말씀하셔서, 저희가 할 수 없는 부분을 어떻게 설명
            해야 할지 고민만 하고 있었습니다."

만약 이렇게 말하면 어떨까. 짧은 한마디에 상황과 의도가 담기면 선배는 즉시 방법을 제안할 수 있을 것이다.

선배   "내일까지는 꼭 연락드리고, 우리 쪽에서 검토할 수 있
            는 부분과 개선 계획 수립 때 고려해 보겠다는 정도로

                    PART 2 배우면서 바로 써먹는 일 센스

말씀드리세요. 통화하다 막히면 바로 얘기하고.”

질문에 A만 답하는 것과, A+α로 답하는 것 사이에는 분명한 차이가 있다. 거창한 정보나 대안을 제시하라는 뜻이 아니다. 행동하기 위해 ‘알고 있는 정보’를 조금 더 알리는 수준을 말한다. 전자는 대화가 끊기고 다시 질문이 이어지지만, 후자는 한 번에 결론에 닿을 수 있다. 이런 식으로 대화하면 상대방은 당신을 ‘다시 물어보지 않아도 되는 사람’, ‘준비성 있는 사람’으로 기억한다.

질문에 맞는 대답을 못 하고 겉도는 이유는 단순하다. 생각나는 대로 말하거나, 자신의 어려움을 늘어놓는 습관 탓이다. 더불어 상대방의 입장에서 생각하는 연습이 부족하기 때문이다. 그래서 결과를 공유해야겠다는 생각도 뒤로 밀린다. 하지만 이런 부분은 의식적으로 연습하면 금세 달라진다.

“네. 95% 달성입니다. 11월 중순이면 무난하게 100% 달성이 가능해 보입니다.”
“일정은 확정되었습니다. 다만, 장소가 좁아서 변경할 수 있을지 찾아보고 있습니다.”

이 짧은 한 줄이 대화의 완성도를 높인다. 회사에서의 의사소통은 결국 정확한 전달이다. 단순히 말을 잘하는 것이 아니라, 질문의 의도를 읽고 대답에 살을 붙이는 훈련을 해보자. 이런 방식의 대답만으로도 일이 훨씬 수월해진다.

여기에 한 단계 더 레벨 업하는 방법이 있다. 일이 끝난 후 바로 결과를 간략히 공유하는 것이다. 아주 중요한 사안이라면 신속히 대면 보고를 하는 편이 좋지만, 대부분의 경우 한두 줄짜리 메신저 보고 정도면 충분하다.

> A 기관과 통화했고, 목소리는 썩 좋지 않으셨지만, 상황을 이해해 주셔서 통화는 잘 마무리했습니다.

이렇게 결과를 먼저 알려주면, 다음에 같은 상대와 다시 소통할 일이 생겼을 때 선배의 도움을 받기도 훨씬 수월하다. 상사가 질문하지 않는다고 가만히 있지 말고, 묻지 않아도 결과를 공유해 보자. 과정에서의 부족함을 만회할 기회가 생긴다.

결과 공유를 하는 작은 습관이 '이 사람에게는 믿고 맡길 수 있다'는 신뢰를 차곡차곡 쌓아 올린다. 질문에 A+α로

　　　　　　PART 2 배우면서 바로 써먹는 일 센스

답하고, 결과까지 공유하는 경험이 쌓이면 어느새 일의 흐름을 읽는 눈이 달라진다. 작은 훈련이 당신을 준비된 직원에서, 신뢰받는 동료로, 결국은 누군가의 롤 모델로 성장시킬 것이다.

'어찌 하오리까?'
문제만 말하지 마세요

후배　"팀장님 홍보팀에서 회의하자고 연락이 왔는데 어떻게 할까요?"

출근하자마자 후배가 묻는다. 상황 설명도, 대안도 없이 문제만 던지는 질문을 받을 때면 '내가 하라는 대로 다 할 건가, 왜 생각도 하지 않고 말하지?'라는 답답함이 먼저 든다. 어떻게 하면 좋겠는지 되물어 봐야, 더 막막한 답만 돌아온다.

'가라, 가지 마라, 혹은 다른 직원이 참석하게 해라, 결과만 공유하라'처럼 구체적인 행동 지시를 기대한 질문이었겠지만, 정작 판단할 수 있는 정보가 없으니 섣불리 답하기도 어렵다.

경험이 부족하면 질문에 어떤 정보가 필요한지조차 모르는 경우가 많다. 처음이라면 당연히 실수할 수 있지만, 이 시기가 길어지면 생각해 보지도 않고 '판단을 외주' 주는 습관이 굳어버린다. 그렇게 되면 상사는 일일이 질문을 던지며 상황을 복원해야 하고, 회의 시간은 두 배로 늘어나며, 중요한 의사 결정이 지연된다. 결국 팀에도 영향을 주고, 신뢰받는 직원이 되기는 어렵다.

많은 사람들이 대안을 제시하지 못하는 이유는 두 가지다. 첫째, 월권이 아닐까 하는 생각, 둘째, 잘못 제안하면 책임을 떠안을지도 모른다는 불안감이다. 하지만 상사가 원하는 건 '확정'이 아니라 '판단 재료'다. 제안이 채택되지 않아도, 정보와 선택지를 함께 제공했다는 사실만으로 신뢰를 얻는다.

"책자 인쇄 업체에 문제가 생겼다는데, 어떻게 하죠?" (×)

"책자 인쇄 업체에 문제가 생겼다는데, 하루면 전량 준비가 가능하답니다." (○)

"민원인한테 전화하는데 계속 안 받아요." (×)

"민원인한테 세 번 연락 후, 부재여서 문자 남겼고 내일까지 추가 시도하겠습니다." (○)

"강의 시작 5분 전인데 강사님이 안 오셨어요." (×)

"강의 시작 5분 전인데 강사님이 도착하지 않아서, 오후 휴식을 10분 줄이고 이번 쉬는 시간을 20분으로 늘리면 어떨까요?" (○)

상사는 어떤 보고에서 안심을 느낄까? 문제 제기와 함께 현실 가능한 대안을 붙여 말할 때다.

22년의 실무 끝에 얻은 결론은 단순하다. '무엇을 해야 하는지, 무엇이 달라지면 되는지'를 먼저 생각하고, 실행할 수 있는 대안을 내는 것. 가능성이 부족해 보여도 그 속에서 실마리가 나온다. 떠오르는 방법이 여러 개라면 우선순위를 정해 한두 개만 추려 제시해 보자.

문제만 늘어놓지 말고 한 단계만 더 나가면 된다. 업무에서뿐 아니라 일상에서도 '지금 할 수 있는 것'을 찾으면 큰일을 작게 만들 수 있다. 대안이 도무지 떠오르지 않아도 괜찮다. 최소 두 가지를 적어보고, 대안이 떠오르지 않는다고 말하는 것만으로도 출발선에 선 것이다.

"방법을 두 가지 생각해 봤는데, 더 나은 대안이 떠오르지 않습니다."

막힐 만한 이유를 말하다 보면 그 이유가 해결의 핵심이 되기도 한다. 가능성 있는 2안을 마련했다면 각 장단점을 한 줄씩 곁들이는 연습까지 해보자. 작은 의사 결정일수록 정보의 선명도가 결과를 좌우한다. 일상에서도 문제와 대안 조합을 연습하면 좋다. "우유가 없어" 대신 "우유가 없는데 두유로 사거나 다른 가게도 들러볼까?"라고 말해보는 식이다. 친구와 점심 메뉴를 정할 때도 "뭘 먹을까?" 대신 "비가 오니까 칼국수나 수제비 어때?"처럼 선택지를 제시해 보자. 이렇게 일상 속 대화에서도 '선택지를 준비하는 말하기'를 반복하면, 업무 상황에서도 훨씬 자연스럽게 적용할 수 있다.

평소 사소한 일이라도 두 가지 이상 방법을 생각하는 습관을 들이면, 보고할 때 머릿속에서 자동으로 '다음 수'가 그

려진다. 이 훈련은 단순히 말하기 기술을 넘어, 판단력과 상황 분석력을 함께 키워준다. 매일의 작은 선택과 시도가 쌓이면 큰 효과로 나타날 수 있다.

경력이 길어도 문제만 툭 던지는 경우를 주변에서 흔하게 찾아볼 수 있다. 이런 말하기 방식은 시간이 흐르며 자연히 실력이 쌓이는 영역이 아니다. 그런데 대안을 제시하는 보고는 엑셀 고급 기술이나 화려한 PPT 효과보다 쉽지만 강력하다.

"더 못 하겠는데요." (×)
"더 못 하겠는데요. 한 가지씩만 의견 주시면 제가 취합하겠습니다." (O)

"파일이 깨졌는데 어떡하죠?" (×)
"파일이 깨졌는데 출력본 재타이핑은 10분이면 됩니다. 회의 15분 연기 요청할까요?" (O)

지금 말하려는 그 이야기에서, 한 단계만 더 생각해 보자. 상사가 듣고 싶은 것은 '문제 상황'이 아니라 '다음 단계'로 가

　　　　　　　PART 2 배우면서 바로 써먹는 일 센스

기 위한 선택지다. 처음엔 어색하고 시간도 더 걸리겠지만, 몇 번만 연습하면 대안 제시는 습관이 된다.

결국 보고의 목적은 상사가 빠르게 판단하고, 팀이 움직일 시간을 벌어주는 것이다. 문제만 올리는 보고에서 벗어나, 대안을 함께 제시하는 보고로 전환해 보자. 그 순간 당신은 문제를 '전달'하는 사람이 하니라 해결을 '진행'시키는 동료로 기억된다. 작은 한 걸음이 앞으로 받게 될 평가와 기회를 결정짓는 열쇠가 된다.

칭찬은 상사도 춤추게 합니다

나는 정신 질환으로 입원한 환자들이 증상을 스스로 관리하며 재발 없이 생활할 수 있도록 퇴원 계획을 세우고, 회복을 돕는 복지기관과 연결해 주는 일을 오랫동안 담당했다. 주치의가 전산시스템으로 환자를 의뢰하면 접수 후 개별 연락을 통해 일정을 약속하고, 상담을 거듭하며 가장 적합한 복지서비스와 기관을 연결한다. 퇴원 후에도 모니터링을 이어가며 지속적으로 환자에게 개입하는 업무였다.

주치의는 대개 개입 과정 중 상담한 내용을 전산으로 확인하는 정도의 관심을 보인다. 그런데 주치의 중 한 분이셨던 하 과장님은 달랐다. 상담 다음 날 바로 사회복지팀에 일부러 찾아와 환자 상담이 어땠는지, 다음 계획은 무엇인지 물었다. 또 '가족들이 관심이 많고 서로 관계도 좋아서 이번에만 잘 적응하면 치료 예후가 좋을 것 같다' 같은 정보를 주며 잘 부탁한다는 인사까지 잊지 않았다.

이런 행동은 겉보기에 쉬워 보여도, 바쁜 일정 속에서 시간을 부러 내야 하는 일이다. 환자에 대한 애정이나 궁금증이 있어도 굳이 찾아오는 경우는 드물다. 전화로 해도 되는 일이었지만, 대면했을 때의 전달력을 고려한 세심함이 느껴졌다. 그래서 놓치지 않고 감사의 마음을 전했다. 고마운 일은 즉시, 공개적으로 표현하자고 늘 강조하던 팀장님의 영향이 컸다.

나   "과장님, 오늘 외래 진료 환자도 많고 회의도 있으시다고 들었는데, 일부러 와주셔서 감사해요. 환자분들이 과장님 칭찬을 그렇게 많이 하시던데요. 관심 가져주시는 게 느껴지신대요."

하 과장님은 절제하려 했지만, 표정에서 상기된 기분이

묻어났다. 덩달아 기분이 좋아져서 "가족 관계까지 따로 알려주시니까, 다음 상담 때 가족들에게 도움 되는 교육 정보를 찾아서 드리면 좋겠어요"라고 말하자, 신이 나셨는지 "다음 상담은 퇴원 후죠? 외래 때 연계 기관에 꼭 가보라고 다시 말씀드릴게요. 일주일이라도 꾸준히 출석하면 잘 되잖아요? 진료 때 또 뭐라고 조언드리면 좋을까요?"라며 스스로 할 일을 찾았다. 주치의가 진료실에서 건네는 말의 힘이 크기 때문에 실무자로서 아주 감사한 일이다.

칭찬받아 마땅한 일을 해주셨기에 감사 인사를 드렸을 뿐인데, 결과적으로 다음 일도 수월하게 만드는 도움까지 얻게 된 셈이다.

며칠 뒤, 연간 사업 추진 현안 토의를 위한 자료 제출 공지가 올라왔다. 이틀 안에 자료를 제출하라는 내용에 마음이 조급해졌다. 내일은 마무리해야 하고, 오늘 안에 목차와 내용을 구성해야 했다. 새로 쓰자니 막막하고, 기존 보고서처럼 하면 실적 보고 수준에 머무를 것 같았다. ①사업 목록 ②사업별 추진 실적 ③당면 과제 및 현황 ④개선안, 이렇게 목차를 잡고 보도자료와 기사를 참고 자료로 첨부하려 했다. 그러나 작성까지 하기엔 시간이 부족했다. 그래서 유사 보고서 몇

　　　　　　　　　PART 2 배우면서 바로 써먹는 일 센스

가지를 출력해 목차 설계 이유를 상사에게 보고했다. 상사는 급한 상황을 인지하고 바로 피드백을 주었다.

상사 "논의 과정을 거쳐서 시급한 일들이 먼저 진행되게 하려면, 해결해야 하는 문제를 먼저 제시하고 어떤 해결책을 기대하는지가 눈에 잘 보여야 해요. ①사업 목록과 ②추진 실적을 참고 자료로 빼고, ③당면 과제를 제목으로 써봐요. 여기 세 줄 전체를 박스 처리해서 넣고, 보도자료와 신문 기사 헤드라인은 참고 표시 기호를 넣어 당면 과제 내용 아랫부분으로 배치해요. 이미 기사화됐으니 '빠른 해결이 필요하다'라는 논리로 갈 수 있겠어요."

그 대답을 듣자, 이건 뭐지? 싶어졌다. 내가 몇 시간이나 고민한 내용인데 이렇게 한눈에 핵심을 짚어내다니. 피드백이 명확하니 이후에 정리만 하면 됐다.

나 "우와, 어떻게 이렇게 한 번에 짚어내세요? 저는 왜 아무리 봐도 안 보일까요? 몇 시간 동안 고민했는데, 딱 정리해 주시니까 레벨 차이가 확 나네요. 감사해요. 다른 부서는 다들 헤매고 있겠죠?"

이 말을 듣고 상사도 기분이 좋았을 것이다. 자료를 잘 준비한 덕분에 피드백이 쉬웠다고 오히려 칭찬까지 받았다. 주거니 받거니, 얼마나 훈훈한 장면인가. 만약 그때 "네 알겠습니다. 수정해서 언제까지 가져올까요?"라고만 했다면, 경직된 대화로 끝나고, 칭찬도 되돌아오지 않았을 것이다.

감탄과 감사가 느껴질 때, 상대방이 상사라도 감정을 표현해 보자. 구체적인 말이 떠오르지 않으면 "우와! 어떻게 그런 생각을 하세요? 역시!" 이 정도만 해도 분위기와 일의 리듬은 달라진다. 상사도 자신을 인정해 주는 직원에게 하나라도 더 알려주고 싶어지기 마련이다.

"아까 말씀을 들으니 전체 흐름이 한 번에 파악됐어요."
"핵심을 정리하시는 타이밍이 진짜 최고였어요."
"말씀해 주신 대로 해보니까 훨씬 가독성이 좋아졌어요."
"발표하시는 거 보고 많이 배웠습니다."
"그렇게 말씀해 주셔서 감사합니다. 제가 또 한 수 배웁니다."
"오, 역시 알려주신 대로 했더니 금방 끝났어요."

"이렇게 해보라는 말씀이죠? 이해했습니다. 구체적으로 알려주셔서 감사해요."

과하지 않게, 사실을 언급하며 공감이 가게 말하면 된다. 이는 아부가 아니라 '인정'의 표현이다. 상사 역시 사람이고, 인정받기를 원하는 직장인이다. 이건 타고나는 재능이 아니라 연습으로 충분히 익힐 수 있는 기술이다. 회사 내에 센스 있는 사람을 한 명 선택해 반나절만 관찰해 보자. 사소해 보이지만 칭찬과 인정하는 말을 자주 하는 게 눈에 보일 것이다. 의외로 별것 아닌 행동이 '센스 있어 보이게' 만드는 경우가 많다. 바로 말로 나오지 않는다면 '그 상황에서 어떤 말을 했으면 좋았을까'를 되짚는 연습부터 시작하자. 사소해 보이는 표현이지만, 짧은 한마디가 쌓여 당신의 경력을 지탱하는 든든한 토대가 된다.

왼손이 한 일은
오른발도 알게 하세요

정신 질환 재발 예방과 회복을 위해 환자들을 복지기관에 연계하는 일이 늘고 있을 때였다. 그런데 주치의마다 의뢰 방식이 달랐다. '재활 기관 연계 바랍니다.' 한 줄만 적는 경우도 있고, 환자의 상태와 가족의 역할까지 상세히 기록해 줄 때도 있었다. 의뢰서 내용이 자세할수록, 환자 상황에 대한 정보가 많을수록 연계는 훨씬 수월했다. 하지만 '취업 연결 바랍니다.' 같은 짧은 한 줄은 당혹스럽다. 사회복지팀이 직접 취업을 시켜줄 수는 없으니, 그 이유와 취업 지원 기관으로 연결

과정을 다시 설명하는 데 많은 시간이 들었다. 이런 일을 겪으며 주치의들이 연계 과정을 조금 더 이해할 수 있도록 안내해야겠다는 생각을 했다.

비주얼 씽킹 책을 보며 낙서처럼 그림을 그리던 습관이 있어서, 의뢰 과정과 기관 유형, 비용, 모니터링 방법을 그림으로 표현했다. 어설픈 그림이라 자신이 없었지만, 팀장님 반응은 의외였다.

나   "이렇게 한 번 만들어봤는데 좀 어설프죠?"
팀장 "왜 이렇게 잘했어? 당장 공지로 올리자."

그리고 '왼손이 한 일은 오른손이 꼭 알아야 한다. 잘한 건 알려서 다들 쉽게 일하게 해주어야 한다. 그렇지 않으면 편하게 쉽게 일하고 노는 줄 안다'라는 말을 덧붙였다.

결국 그림은 인트라넷 공지 사항에 게시되었고, 전 직원 회의에서 발표 자료로 쓰였다. 머리카락도 없는 졸라맨이 등장하는 서툴고 부족한 그림이었지만, 단순하고 직관적이라는 이유로 '보기 편하다'라는 피드백을 받았다. 겸손으로 묻어둘 뻔한 자료가 팀장님의 '알림 철학' 덕분에 조직 전체의 효율을 높인 것이다. 겸손보다 중요한 건, 공유로 인한 편리함이었다.

비슷한 경험을 당직 매뉴얼을 만들면서도 겪었다. 당시 근무처의 당직 체계가 바뀌면서 여성 직원도 숙직하게 되었는데, 무엇을 준비해야 하는지, 순찰은 어떻게 해야 하는지 알기 어려웠다. 첫 당직 때는 더 막막했다. 그래서 당직실에 비치된 안내 자료를 바탕으로 당직 전에 미리 알 수 있게 궁금증 위주의 내용을 그림으로 정리했다. 당직실 비품, 순찰 시간, 보고 절차, 준비물 등을 한 장에 표시했다.

처음에는 친한 동료 몇 명에게만 공유했는데, 반응은 즉각적이었다. "이런 게 필요했는데 고맙다", "이제 숙직이 두렵지 않다" 같은 말들이 돌아왔다. 몇 년이 지나도 여전히 "덕분에 숙직 잘 넘겼다"라는 메시지를 받는다. 불편을 덜기 위해 한 작은 행동이 시간이 흘러도 계속해서 누군가를 돕는 자산이 된 것이다.

공유는 단순 자랑이 아니다. 혼자만 알고 있는 성과는 반짝하고 사라지지만, 알리고 나누는 순간 조직의 힘이 된다. 알리지 않으면 모른다. 평온해 보이면 일이 쉬워 보이고, 고

  ○○○

생은 감춰진다. 그래서 알리는 게 중요하다.

물론 단순히 실적을 나열하거나 업무 목록을 뿌리는 것은 아무런 효과가 없다. 그것은 부서 회의에서 공유하면 충분하다. 왼손이 한 일을 오른발도 알게 하라는 말은, 내가 한 일이 다른 사람에게 도움이 될 때 주저하지 말고 전파하라는 뜻이다.

한 번은 초밥집 앞을 지나다 "배달이 접수되었습니다"라는 안내 방송을 들었다. 사실 주방이나 카운터에서만 확인해도 될 일인데, 굳이 가게 밖까지 들리도록 흘려보낸 것이다. 그런데 행인 입장에서는 그 소리를 들으면 '여긴 주문이 많네, 맛집인가?'라는 생각이 든다. 이처럼 평소 하던 일을 그대로 하면서도 알리는 방식을 달리하면 전혀 다른 효과를 낼 수 있다.

왼손이 한 일을 알리면, 동료는 편리해지고, 상사는 신뢰를 쌓는다. 결국 그것은 나 자신을 드러내는 일이 아니라, 조직 전체를 더 단단하게 만드는 표현 센스다. 더 나아가 후배에게 매뉴얼이 되고 업무적 시스템으로 자리 잡을 수도 있다. 알린 만큼 일이 단순해지고, 알린 만큼 조직의 힘이 커진다.

겸손은 미덕일 수 있지만, 일의 세계에서는 알림이 곧 협력이고, 공유가 곧 성장이 되는 것이다. 오늘 당신이 한 작은 시도를 내 옆 사람에게 알려주는 것, 그 순간부터 일 센스는 한 단계 더 깊어진다. 태도는 겸손하되, 일은 알리자.

문을 나서며
이 말을 꼭 하세요

회의나 보고가 끝나는 순간, 상사가 "자, 됐죠?"라고 말하면 어떤 생각이 드는가? 내 업무와 직접 관련이 없으면 듣기 좋은 말이지만, 담당 업무에 대한 논의일 경우라면 위험하다. 다음 보고 시점, 준비 범위, 협의 대상이 정리되지 않은 채 자리를 나서면, 다음 일정은 미궁 속으로 사라지고 책임 소재는 불분명해지기 때문이다.

반대로 일이 정리되지 않았는데 "그럼 이만 가보겠습니다"라는 형식적인 인사 후 자리를 뜬 적은 없는가? 며칠 뒤,

상사가 "그때 왜 일정 얘기 안 했지?"라며 되묻거나, 준비가 덜 된 상태로 다음 회의를 맞이해 허둥댄 경험이 한 번쯤은 있을 것이다.

상사가 "보고 자료는 수정해서 내일 10시 전에 파일을 보내고, 다음 회의는 윤 과장 일정 맞춰서 이번 주 내로 진행하는 방향으로 오늘 중 확정하라"라고 정확하게 정리해 주면 좋겠지만, 현실은 그렇지 않다. 상사는 수많은 사안을 동시에 처리하느라 직원 개개인의 업무를 세부 단계까지 기억하고 지시하기 어렵다. 지시가 없다고 해서, 기한이 없는 게 아니다. 일은 스스로 해야 하고, 완료까지 가려면 상사의 결정이 필요하다. 그러니 과정을 보고하며 일을 어떻게 진행할지 알리고 답을 들어야 하는 건 실무자다. 문을 나서기 전, 짧지만 강력한 한마디 말이 중요한 이유다.

"지금 말씀해 주신 부분부터 수정하겠습니다."
"추가로 필요한 게 있으면 말씀해 주세요."
"내일 10시 전까지 파일 보내겠습니다."
"윤 과장님 일정 맞춰서 회의 시간 정하고 바로 연락드리겠습니다."

연례 박람회 주제를 논의하던 날, 아이디어가 다양하게 오갔고 실장님은 '아이디어가 많아 좋다'며 분위기를 띄웠다. 그런데 퇴근 시간이 다가오자 갑자기 "이제, 됐죠?"라는 말이 나왔고, 사람들은 서류를 정리하며 회의장을 나설 채비를 했다. '담당자가 아니라고 다들 대충 끝내려고 하는 거야?' 하는 생각과 함께 걱정이 밀려들었다. 그냥 끝냈다간, 뒷일을 감당할 자신이 없었다. 결론이 나오지 않은 채 회의가 끝날 것 같은 순간, 자리를 정리하는 소음을 뚫고 이렇게 말해야 했다.

"박람회 주제는 1안으로 잡고, 핵심 이벤트는 다음 회의 때 논의하면 될까요? 혹시 더 필요한 부분이 있으면 자료로 준비해 보겠습니다."

다행히 1안으로 주제를 확정하고, 다음 회의 일정까지 정해졌다. 마무리 한 마디가 없었다면, 그날 이후 준비는 표류했을 것이다.

대면 보고 자리에서도 마지막 한 마디는 힘을 발휘한다.

"다음 주 화요일 회의 전에 다시 보고드리면 될까요?."

"이번 일정을 놓치지 않도록 제가 챙기겠습니다."

"걱정 안 하시게 잘 마무리하겠습니다."

이런 마무리 멘트는 상사에게 '능동적으로 일하는 사람'이라는 인상을 남긴다.

상사가 "그럼 자료만 준비하면 되겠네"라며 끝내려 할 때, "네 그러면 자료는 수요일 오후까지 만들고, 홍보팀에는 목요일 오전에 전달하는 일정으로 해보겠습니다. 변경 사항이 있으면 알려주세요" 이렇게 말하면 협업 일정까지 한 번에 확정된다. 이 순간 상사 눈에 당신은 단순 실행자가 아니라 '일을 조율할 줄 아는 사람'으로 비친다.

다양한 유형의 상사를 모두 만족시키기는 어렵다. 하지만 대부분 문을 나서기 전 한 마디가 통한다. 문제는 "됐고, 알아서 해", "알아서 하라고 맡겼는데 그걸 왜 나한테 묻죠?", "시간은 내가 알아서 해요"처럼 냉수를 끼얹는 반응을 보이는 상사다. 실무자가 일을 잘해보겠다고 건넨 한마디에 이렇게 차갑게 반응할 필요가 있을까 싶지만, 상사도 뚜렷한 성향이 있는 사람이니 어쩔 수 없다. 냉담하게 반응하는 상사는 세 가지 유형으로 구분해 보자.

① **빨리 끝내고 싶어 하는 상사**는 결론 없이 맴도는 대화를 싫어한다. 그래서 담당자의 확인을 불필요하게 반복되는 말이라고 생각한다. 이 경우에는 짧고 명확하게 결정 사항만 전한다.

"목요일 11시까지 자료 정리해서 보고드리겠습니다."
"해외 사례는 아시아 포함 3개국 이상 준비하라는 말씀이시죠? 이번 주까지 완성해 보겠습니다."

② **권한 위임을 중요하게 여기는 상사**는 '다시 나에게 책임을 떠넘기는 질문'을 부담스러워한다. 이미 맡겼다고 생각하기 때문이다. 그래서 중간 점검을 탐탁지 않게 생각한다. 이럴 때는 상사의 책임 부담을 낮추며 정중하게 확인하는 것이 좋다.

"종합적으로 검토해 본 결과 1안이 더 적절하다고 판단했습니다. 혹시 더 고려해야 할 사항이 있으면 말씀해 주세요."
"여름 성수기 기준으로 단가를 받아보겠습니다. 이 방향으로 진행해도 될지 말씀 부탁드립니다."

③ **자신의 일정 컨트롤을 중요하게 여기는 상사**는 '자신의 시간을 타인이 정하는 상황'을 불편해한다. 부하직원의 일정 확인을 '통제'라고 느낄 수 있다. 이럴 때는 선택권이 상사에게 있다는 점을 강조해야 한다.

"자료는 수정해서 검토하실 수 있는 시간에 보고드리겠습니다. 목요일, 금요일 중 편하신 시간만 알려주시면 맞춰서 찾아뵙겠습니다."

"회의가 목요일 오후 2시니까 그 전에 보실 수 있게 파일을 먼저 보내드릴까요?"

마지막 한 마디는 상사의 성향을 고려해 조율하면 된다. 말의 길이, 확인 방식, 선택권 강조 여부를 상황에 맞게 조절하면, 불필요한 반감을 줄이면서도 '다음 일을 이어가는 연결고리'가 만들어진다. 핵심은 같은 질문을 하더라도, 상사가 불편해하는 지점을 건드리지 않는 방식으로 말하는 것이다.

중요한 건, 회의나 보고를 마무리하는 순간이 일의 끝이 아니라 다음 단계의 시작이라는 점이다. 이 한마디가 있느냐 없느냐에 따라, 이후의 흐름은 전혀 달라진다. 명확하게 짚어주면 팀의 일정이 안정되고, 상사는 불필요하게 다시 확인하지 않아도 된다. 반대로 형식적인 인사만 하고 자리를 뜨면,

일정이 어긋나거나 책임 소재가 모호해져 다시 일을 되돌려야 하는 상황이 생긴다.

짧은 마무리 문장은 단순한 예의를 넘어선 기술이다. 일을 주도적으로 관리하고 있다는 신호이며, 상사에게는 신뢰를, 나에게는 주도권을 만들어 주는 기회다. 습관처럼 남기는 한 문장이 프로젝트의 속도를 높이고, 오해를 줄이며, 협업의 질을 끌어올린다. 다음 일을 향해 달려 나가는 출발선에 이미 섰으니, 보고가 끝나는 순간, 그 시동을 반드시 걸어보자.

엘리베이터
틈새 공략

우리 팀이 주관하는 행사에서 강의를 맡아주기로 한 본부장님께서 주제를 바꾸겠다고 하셨는데, 며칠째 알려주겠다는 답만 하고 정작 주제는 답해주지 않았다. 홍보 공문을 시행하고 포스터를 디자인하려면 그 주 안에는 확정해야 했지만, 다시 연락드리자니 압박으로 느낄까 조심스러웠다. '오후까지만 더 기다려 보자' 하고 있던 차에 본부장님과 엘리베이터에서 우연히 마주쳤다. 본부장님은 다소 불편하셨을지 모르지만, 나는 속으로 '유레카'를 외쳤다.

나　　　"본부장님, 제가 너무 자주 연락드렸죠? 이번 주에는 홍보를 시작해야 해서 주제만 딱 한 줄 알려주시면 되는데 아직 고민하고 계신 걸까요? 아니면 지난번 주제와 동일하게 해볼까요?"

본부장　"그래 어쩐지, 회신해야 하는데 깜빡한 게 있다 했더니 강의 주제를 안 알려줬었네. 방에 가서 바로 메신저 쪽지로 보낼게요. 같은 주제로 하는데, 제목은 좀 바꾸는 게 좋겠어요."

　　그렇게 일이 풀리는 듯했으나, 한 시간이 지나도 메시지는 오지 않았다. 알고 보니 외부 손님이 찾아와 미팅 중이었다. 다시 연락드려야 하나 고민했지만, 조금 더 기다려 보기로 했다. 그리고 다른 부서에 용건이 있어 1층으로 이동하는 엘리베이터를 탔는데, 운 좋게 다시 본부장님을 만났다.

나　　　"본부장님, 강의 제목이…."
본부장　"아, 오케이 오케이 미안해요."

　　엘리베이터에서 내리자마자 메신저로 강의 주제를 보내주셨다.

정식으로 보고 시간을 잡아도 풀리지 않던 일이, 엘리베이터라는 짧은 공간에서 단숨에 해결됐다.

엘리베이터는 답답하고 삭막한 공간이다. 마주친 사람과 눈을 마주치지 않으려 핸드폰만 들여다보는 경우도 많다. 그러나 회사 엘리베이터 안에서 듣게 되는 이야기, 스치듯 나누는 대화는 결코 업무와 무관하지 않다. 의외의 사람을 만나 협업의 아이디어가 떠오르기도 하고, 지지부진하던 일이 바로 풀리기도 한다. 짧지만 잡음이 없는 이 공간은 오히려 핵심만 주고받을 수 있는 중요한 장소가 되기도 한다.

결재가 필요한 문서가 있는 상태라면 어떻게 해야 할까?

"본부장님과 회의 다녀오는 길에 혹시 계시면 사인 하나만 받으려고 자료를 챙겨왔습니다."

이렇게 말하며 문서를 꺼내면, 대부분의 상사는 흔쾌히 사인을 해준다. 오히려 따로 찾아와 시간을 내게 하는 것보다, 이동 중 잠깐 시간을 내는 쪽을 더 편하게 여길 때도 있다. 준비만 해두었을 뿐인데도, 엘리베이터에서 우연히 마주쳐 일이 쉽게 풀리는 경우가 많다.

틈새 시간의 힘은 바로 짧지만 확실하게 끝낼 수 있다는 데 있다. 이 틈새 공략은 팀 내 협력에도 유용하다.

"실장님, 유 대리가 여러 번 연락드리는 것 같던데 혹시 지금 시간 괜찮으시면 찾아뵈라고 할까요?"
"팀장님, 강의 촬영 일정 혹시 홍 주임한테 회신 주셨어요? 팀장님 편한 시간으로 맞춰드리려고 하는 것 같더라고요."

이렇게 서로의 일정을 알고 있다면, 관계자를 만났을 때 대신 메시지를 전달하기 좋고, 단순히 내 일만 챙기는 사람을 넘어, '같이 일하기 편한 동료'로 기억된다.

물론 이런 일을 매뉴얼로 정해둘 수는 없다. "강사에게 1차 연락 후 2차 회신이 없을 경우, 엘리베이터 앞에서 대기한다." 이런 규정은 우스꽝스럽다.

라면을 끓이는 것도 마찬가지다. 면과 스프를 넣고 3~5분간 끓이는 건 매뉴얼이다. 하지만 대파와 계란, 콩나물,

어묵, 고춧가루는 상황과 기호에 따라 달라진다. 오늘은 콩나물이 잘 어울리고, 내일은 어묵이 어울린다. 같은 라면도 무엇을 더하느냐에 따라 고급 요리처럼 변신한다. 틈새 공략도 이와 같다. 매뉴얼에는 없지만, 센스로 더하면 평범한 순간이 기회의 순간으로 바뀐다.

엘리베이터를 단순히 층을 오르는 수단이나 답답한 공간으로 단정 짓지 않기를 바란다. 1층부터 고층까지 이어주기 때문에 상사와 마주칠 확률이 가장 높다. 짧은 대화를 나눌 준비만 되어 있다면, 그 순간은 충분히 기회가 된다. 엘리베이터가 대표적인 장소와 수단이지만, 구내식당, 사내 카페, 출입문, 화장실, 회의장 복도 등이 우연한 마주침을 기회로 삼을 수 있는 아주 좋은 장소다. 짧은 순간에도 일을 당겨오고, 신뢰를 쌓을 수 있는 비밀 통로다. 눈을 피하지 말고, 준비된 한마디를 건네보자. 오늘의 짧은 대화가 내일의 큰 기회를 만들어 줄 것이다.

그리고 기억하자. 센스 있는 실무자는 큰 회의실보다 작은 틈새에서 더 자주 기회를 발견한다. 준비된 질문 하나, 적절한 멘트 한 줄이 회의록보다 빠르게 문제를 해결하기도 한다. 엘리베이터에서의 짧은 순간은 우연처럼 보이지만, 사실

  PART 2 배우면서 바로 써먹는 일 센스

은 준비된 사람에게만 찾아오는 확실한 기회다. 틈새를 읽고

활용하는 것, 그게 바로 표현 센스의 진짜 힘이다.

CHAPTER
4

퇴근 시간 당겨주는
업무 센스

바로 쓰는 상황별 메시지 보고 프롬프트

모든 일의 시작, 일정 조율

날짜, 시간, 장소를 확정해야 비로소 일이 굴러간다. 그래서 일정 조율의 핵심은 최대한 빠른 회신이다. "회의를 진행하고자 합니다. 언제 시간 되세요?"와 같이 막연하게 물으면 "다음 주쯤 괜찮습니다"처럼 애매한 답이 오기 십상이다. 각자 다른 일정을 보내오면 취합해도 맞추기가 어렵다. 두세 명이라면 전화가 더 빠를 수 있지만, 말로만 확인한 일정은 금세 잊히기 쉽다. 따라서 반드시 메시지로 기록을 남겨 확인을 받아야 한다. 일정 조율에는 순서가 있다.

① 회의를 언제쯤 열어야 다음 일을 할 수 있을지 판단해
기간을 설정하고,
② 예상 일정 중 참석 인원이 모일 수 있는 공간을 모두
확보한 뒤,
③ 부서의 상사 일정을 먼저 확인해야 한다. 부서장이 참
석해야 하는 회의가 대부분이고, 직접 참석하지 않더
라도 보고가 필요하기 때문이다.

그다음 업무 메신저로 일정을 안내할 때는 '복사+붙여넣
기'로 회신하기 쉽게 포맷을 미리 세팅해 두면 회신 속도와
회신율을 높일 수 있다. 다만 단일 선택으로 답하게 하면 일
정이 흩어질 수 있으니, 특히 회의 일정은 가능한 모든 일정
에 표시하도록 '다중 선택지'를 제시하는 것이 좋다.

예시

안녕하십니까, ○○○팀 ○○○입니다.

「인식 개선 콘텐츠 개발 회의」를 추진하고자 일정을 조사 중입니다.

회의실 상황을 고려해서 후보 일정을 추렸습니다. 가능하신 모든 일정을 선택해 주시면 감사하겠습니다.

아래 내용(예시)을 〈복사+붙여넣기〉 해서 답장으로 주시면 됩니다.
※ 빠른 회신은 일정 확정에 큰 도움이 됩니다.

인식 개선 콘텐츠 개발 회의 참석 가능 시간

가능한 모든 일정에 체크	10.20.월 4시 ~ 15시	10.21.화 10시 ~ 11시	10.23.목 10시 ~ 11시	10.24.금 13시 ~ 14시
	○	○	○	X (출장)

※ 회신해 주시는 대로 최종 일정을 확정하여 다시 안내드리겠습니다.

메시지 프롬프트

안녕하십니까, ○○○팀 ○○○입니다.

「   」를 추진하고자 합니다. 장소(   )
상황을 고려해서 후보 일정을 추렸습니다. 가능하신 모든 일정을 선택해 주시면 감사하겠습니다.

아래 내용(예시)을 〈복사+붙여넣기〉 해서 답장으로 주시면 됩니다
※ 빠른 회신은 일정 확정에 큰 도움이 됩니다.

「 」회의 참석 가능 시간				
가능한 모든 일정에 체크	월 일(요일) 시 ~ 시	월 일(요일) 시 ~ 시	월 일(요일) 시 ~ 시	월 일(요일) 시 ~ 시

※ 회신해 주시는 대로 최종 일정을 확정하여 다시 안내드리겠습니다.

지시·결정 사항 공유

내용을 공유할 때는 신속하게, 모두가 동일한 수준의 정보를 갖도록 전달하는 것이 핵심이다. 잠시 지체한 사이에 추가 지시가 내려오면 "왜 아직 전달을 안 했냐"라는 불필요한 비난을 받을 수 있다. 민감한 내용이 포함된 경우라면 메시지에 "자세한 사항은 따로 말씀드리겠습니다"라고 짧게 언급한 뒤 별도로 전달하면 된다. 공유 메시지를 작성하는 방법은 다음과 같다.

① 어느 자리에서, 누구의 지시·결정인지 먼저 밝히고(출처)

② 가급적 한 줄로 요약하고(핵심)

③ 무엇을 해야 하는지 구체적인 행동으로 제시하고(지시 사항)

④ **수신자가 즉시 해야 할 일**을 분리해서 기록한다(요청 사항)

특히, 행동 지시가 있을 경우는 기한을 포함한 정확한 정보를 알려야 한다. 날짜, 시간, 장소 등 구체적인 내용이 핵심일 경우 이 정보를 강조해서 알리는 것이 좋다.

예시 1

오늘 **오전 회의**에서 중요하게 언급된 내용을 공유드립니다.
- 박람회 준비: 일자별 이벤트 아이템은 다음 주 회의에서 결정하기로 함
- 회의 자료: 실적 기준 일자가 달라 업무 추진 상황을 제대로 파악하기 어려움

[실장님 지시 사항]
- **박람회**: 준비~종료일까지 각 팀에서 최소 1명 이상 투입할 것
- **회의 자료**: 진행 중인 사업 실적도 포함해서 작성할 것

※ 요청 사항
1. 박람회 아이템 결정에 도움이 될 만한 자료를 가지고 계시면 **금요일까지 제출**해 주세요.
2. 회의 자료는 매주 **월요일 오전 9시 기준 실적으로 3시까지 작성** 부탁드립니다.
   [파일 저장 위치: 공유폴더 > 1.회의 자료 > 3.주간회의(월 오전 9시 실적 기준)]

※ **회의록** 파일을 첨부하오니 전체적인 내용은 각자 확인해 주시기
바랍니다.

예시 2

8/20(수) **회의 결정 사항 공유**
- ○○프로그램 예산 확정
※ 민감한 세부 사항은 별도로 말씀드리겠습니다.

예시 3

부서장님 지시에 따라 아래 내용을 **즉시 이행**해 주시기 바랍니다.
8/29(금)까지 팀별 인원 파악 후 취합 보고
담당자: 각 팀장
※ **오늘 중** 완료 후 저에게 **회신** 부탁드립니다.

예시 4

○○회의(8/18/월)에서 '**신규 직원 교육**' 일정이 결정되었습니다.
- 일정: 9/22/월 확정
- 장소: 본관 2층 대강당
※ 부서별 신규 직원에게 공지 부탁드립니다.
※ **세부 진행안은 별도 안내**드리겠습니다.

○○○○에서 중요하게 언급된 내용을 공유드립니다.
- 내용1:
- 내용2:

[지시 사항]

-

-

※ 요청 사항
- 메신저 수신자가 해야 할 일이 있는 경우, '기한'을 명시하여 작성

※ 회의록 파일을 첨부하오니 전체적인 내용은 각자 확인해 주시기
바랍니다.

대면 보고를 갈 때

아무리 급한 보고라도 반드시 연락 후 방문해야 한다. 여유가
있다면 메시지로 일정을 확인하고, 답장을 받은 뒤 찾아가는
것이 바람직하다. 이때 메시지는 상사가 바로 답할 수 있도록
명확하게 작성해야 한다. 그래야만 답장을 받고 곧바로 행동
으로 옮길 수 있는, 명료한 소통이 된다.

실장님, 「**직무교육 계획안**」을 보고드리려고 하는데, **오후 1시 30분쯤 가능하실까요?**
아니면 편하신 시간을 알려주시면 맞춰서 가겠습니다.
* 오전 10시~11시, 심폐소생술 교육이 있어 이 시간만 제외하면 다 가능합니다.

실장님, 「   」을 보고드리려고 하는데, ○○시쯤 가능하실까요?
아니면 편하신 시간을 알려주시면 맞춰서 가겠습니다.
* ○○시~○○시, ○○○○○ 일정만 제외하면 다 가능합니다.

실장님, 「   」을 보고드려야 하는데, 오후에 ○○○ 건으로 긴급 회의 참석 지시가 내려왔습니다. 지금 찾아뵈도 괜찮을까요?

실장님, ○○○ 안건을 간단히 보고드리고 싶습니다. 오전 10시~11시를 제외한 시간 중 편하실 때 말씀해 주시면 바로 찾아뵙겠습니다.

실장님, ○○○건 긴급 보고가 있어 바로 찾아뵙겠습니다. 혹시 자리에 안 계시면 유선으로 다시 확인 드리겠습니다.

이런 메시지를 받으면 상사는 "오후 1시 30분에 오세요" 혹은 "10시~11시는 피해서 와주세요"처럼 구체적인 시간을 제시할 수 있다.

계획안 보고가 긴급 업무가 아니더라도, 전체적인 시간을 관리하며 촉박하지 않게 처리하는 태도는 중요한 인상을 남긴다. 상사 역시 불시에 발생하는 일정이 있기 때문에, 짧은 보고는 미리 소화하는 편이 서로의 시간을 아끼는 방법이 된다.

문제가 생겼을 때

문제가 발생했을 때는 '즉시 보고'하는 것을 원칙으로 삼아야 한다. 다만, 담당자 선에서 해결 가능한 방법이나 대안이 있다면, 동료와 확인 작업을 진행하면서 동시에 상사에게 상황을 알리는 것이 좋다.

> 실장님, 오후 운영회의 장소에 전기 문제가 발생하여 장소 변경이 필요한 상황입니다. 2층 회의실, 3층 교육장을 알아보는 중인데 확인되는 대로 다시 연락드리겠습니다.

만약 상사와 바로 연락이 닿지 않는다면 우선 짧게 메신저에 남기고 몇 분 내 수신 확인이 되지 않으면 휴대폰 문자로 다시 알린다. 이때 첫 줄을 아래 내용으로 시작해야 상사가 긴급 상황임을 인지하고 바로 연락할 수 있다.

문제 상황은 묵힐수록 일이 커진다. 네트워크와 경험이 풍부한 상사가 해결에 결정적인 역할을 할 수 있기 때문에 문제는 반드시 즉시 보고해야 한다는 점을 명심하자.

예시

오늘 1시~4시 운영회의 예정 장소에 **전기 문제가 발생**해서 장소 사용이 어렵게 되었습니다.
(대안) 20명 수용이 가능한 **2층 회의실과 3층 교육장 예약 일정을 확인하는 중입니다.**
→ 장소 사용 가능 여부를 확인하는 대로 보고드리겠습니다.
→ 장소 확정 후, 회의 참석자들께 '장소 변경 긴급 연락' 문자&유선으로 안내하겠습니다.

메시지 프롬프트

○○○○에 문제가 발생하여 보고드립니다.
(대안) 문제를 해결, 대체할 방법 제시
→ 행동 계획 설명 (예. 관련 부서에 유선으로 안내하여 양해 구하겠습니다.)

실장님, ○○○ 업무 중 문제가 발생했습니다. 현재 확인·조치 중이며, 곧 대안을 보고드리겠습니다.

휴가 전

휴가를 앞두고 있다면 연락이 올 만한 사람과 자주 받는 문의 내용을 미리 점검해야 한다. 그 내용이 곧 인계해야 할 업무가 된다. 인수인계서는 따로 작성해 전달하고, 휴가 하루 전에는 메신저로 상사·동료·팀원에게 한 번 더 알리는 것이 좋다. 이때 공백을 메워주는 협조에 감사 인사를 더하면 관계도 부드럽게 유지된다.

"제가 내일부터 휴가라서 문의 응대 부탁드립니다"라는 단순한 알림보다, 일정과 인계 내용·안내 사항을 간단히 정리한 메시지는 필요할 때 검색해 찾아볼 수 있기 때문에 훨씬 유용하다. 이렇게 하면 동료에게는 실질적인 도움이 되고, 상사에게는 책임감 있게 일을 챙기는 직원으로 신뢰감을 줄 수 있다. 복귀 후 처리가 수월하도록 일은 지속성을 유지하되, 휴가 중 불필요한 연락은 줄이는 일석이조의 효과를 낼 수 있다.

예시

상사	[휴가 전 업무 현황 보고] - **처리 완료**: 상반기 직무교육 결과 보고, 2분기 실적 제출(기획팀) - **진행 중**: 하반기 강사 섭외 약 70% 진행(5명 확답 회신 대기 중) 　※ 강사 문의 연락은 ○○○ 주무관이 응대할 수 있게 인계했습니다. - **복귀 후 계획**: 하반기 직무교육 강사 섭외 완료(다음 주) 　※ 기타 상시 업무 문의 사항 확인 후 답변 예정

동료 (인계자)	제가 3일간 휴가라서, 인계해 드린 대로 **중요한 업무들만 응대 부탁드려요.** 연락이 올 만한 부서나 업체에는 미리 이야기해 놔서 급한 일은 없을 것 같습니다. **참고하실 만한 자료와 인계서 파일은 공유폴더에 저장**했고, **아래에도 첨부**합니다. * 급한 일은 휴대폰 연락주세요. 8.25.(월) 오전까지는 연락이 어렵지만 오후부터 메시지 확인은 가능합니다. 휴가 가실 때 저도 잘 백업해 볼게요. 잘 부탁드립니다.
동료 (부서 내)	[휴가 일정 공유] - **휴가 기간**: 8.25.(월)~27.(수) 3일간 - **인계 사항**: 팀 내에서 중요한 업무 위주로 인계했으니, 업무 연락은 팀으로 연결해 주세요. - 긴급 시 핸드폰 메시지(8.25.월 오후부터 확인 가능)로 연락 부탁드립니다.

메시지 프롬프트

상사	[휴가 전 업무 현황 보고] 처리 완료: 진행 중: ※ ○○○건은 ○○○님에게 인계했습니다. - 복귀 후 계획: ※ 기타 상시 업무 문의 사항 확인 후 답변 예정
동료 (인계자)	제가 ○○일간 휴가라서, 인계해 드린 대로 중요한 업무들만 응대 부탁드려요. <선택> - 이메일은 자동 답장 설정을 해두었습니다. - 연락이 올 만한 부서나 업체에는 미리 얘기해 놔서 급한 일은 없을 것 같습니다. - 인계서는 (파일 위치)에 저장했고, **아래에도 첨부**합니다. * 급한 일은 휴대폰 연락주세요. (연락 어려운 시간 명시) 휴가 가실 때 저도 잘 백업해 볼게요. 잘 부탁드립니다.

 ○○○ PART 2 배우면서 바로 써먹는 일 센스

<table>
<tr>
<td>동료
(부서 내)</td>
<td>[휴가 일정 공유]
- 휴가 기간: 월.일.(요일)~ 월.일.(요일) ○○일간
- 인계 사항: 팀 내에서 중요한 업무 위주로 인계했으니, 업무 연락은 팀으로 연결해 주세요.
- 긴급 시 핸드폰 메시지(연락 불가능한 시간 명시)로 연락 부탁드립니다.</td>
</tr>
</table>

어쩔 수 없는 독촉 연락

독촉 연락은 실무자가 가장 피하고 싶은 상황이다. 하지만 답을 받아야만 일이 진행된다면 꼭 거쳐야 한다. 이때 "빨리 회신 주세요", "답을 안 주셔서 다음 진행이 어렵습니다" 같은 메시지는 받는 사람이 부담으로 느낄 수 있다. 독촉 연락의 목적은 답을 듣는 것이기 때문에 '답을 듣기 위해 상대방을 회유'하는 뉘앙스가 포함되면 좋다. 특히 기한이 촉박하거나 상사의 결정 지연으로 일이 막힌 경우라면 아래와 같이 해보자.

① **왜 지금 답이 필요한지** 마감과 **일정**을 분명히 밝히고(촉박함 강조)

② **무엇을 선택하면 되는지** 간단한 비교안으로 제시하며 (선택지 제공)

③ **"간단히 일정만 알려주시면 됩니다"** 같은 말로 부담을 줄여준다(부담 완화)

이처럼 부드럽게 전달하되 촉박함은 분명히 강조해야 답을 얻을 수 있다. 메시지를 작성한 뒤에는 받는 사람 입장에서 읽어보고 '과연 바로 답을 할 수 있을까'를 점검하면 좋다.

단순히 서두르는 행위가 아니라 '상대가 답하기 쉽게 만드는' 메시지가 핵심이다. 마감을 분명히 밝히고, 선택지를 제시해서 짧게 답할 수 있게 배려하는 태도는 상대방도 결국 알아차린다. 독촉도 상대방을 존중해야 일이 자연스럽게 진행될 수 있다. 이런 경험이 쌓이면 "메시지를 잘 보낸다. 부담스럽지 않게 일을 처리한다"라는 평판으로 이어질 수 있고, 독촉조차 신뢰를 쌓는 계기가 될 수 있다.

예시

- 지난주에 보고드렸던 <운영회의 안건 자료> 건으로 다시 한번 확인드립니다. 부서별로 공지하려면 **오늘 중으로는 확정이 필요해서 수정 사항만 알려주시면** 정리해 보겠습니다.

- <기관장 회의> 자료 제출이 이번 주 목요일(9/11) 마감이라, 오늘은 검토받아야 일정이 지연되지 않을 것 같습니다. 오늘 중 시간 가능하실까요?

- 인쇄 업체를 결정해서 회계팀에 전달해야 하는데, 어디와 진행할지 확인 부탁드립니다. 일정이 촉박해서 오늘 중에는 결정이 필요

한 상황입니다. A와 B 중 어디로 결정할까요?

- ○○광고(100만 원, 직접 배송, 처음 의뢰하는 업체)
- ○○애드(120만 원, 퀵 배송, 작업 속도 빠른 편)

• <TFT 회의 참석 가능 일정> 확인차 연락드립니다. **일정 확정 후에 바로 공지하고자 하오니, 참석 가능하신 날짜 회신 부탁드립니다**(가능한 모든 날짜, 번호로). 회의 공지를 기다리는 분들이 많아서 오늘 중 확정하고자 합니다.

1. 9.15.(월) 14시 2. 9.15.(월) 16시 3. 9.16.(화) 11시   4. 9.17.(수) 13시

메시지 프롬프트

• 지난주에 보고드렸던 <   > 건으로 **다시 한번 확인드립니다.** ○○○○○을 위해 **오늘 중으로는 확정이 필요해서 수정 사항만 알려주시면** 정리해 보겠습니다.

• <   > 자료 제출이 **이번 주 ○○요일(○○/○○) 마감**이라, 오늘은 검토받아야 일정이 지연되지 않을 것 같습니다. 오늘 중 시간 가능하실까요?

• ○○○를 해야 하는데, 어디와 진행할지 확인 부탁드립니다. **일정이 촉박해서 오늘 중에는 결정이 필요한 상황입니다. A와 B 중 어디로 결정할까요?**

- A 설명(이전에 보고했더라도, 핵심 사항 요약 제시)
- B 설명(이전에 보고했더라도, 핵심 사항 요약 제시)

회사라는 조직은 다양한 업무와 관계로 얽혀 있어, 메시지 한 줄이 일을 쉽게 풀기도, 어렵게 만들기도 한다. 센스 있는 메시지는 친절함과 공손함에 '다음 일을 움직일 수 있는 힘'을 더해야 한다. 답을 얻거나 행동을 유도할 수 있는 문장, 그것이야말로 메시지의 본래 목적이다. 메시지를 작성했다면 잠시 멈추고, 수신자의 입장에서 다시 읽어보자. 조금이라도 모호하거나 헷갈린다면 반드시 고쳐야 한다. 짧다고 무조건 좋은 것도 아니고, 화려하다고 꼭 이해하기 쉬운 것도 아니다.

당장 오늘의 업무에서 단 한 문장이라도 적용해 보자. 보고와 협업, 회의 등 어느 장면에서든 그 한마디가 일의 흐름을 살리고 결과를 바꿀 것이다. 센스 있는 문장 하나가 결국 당신의 일 센스를 완성한다.

검색 시간 줄이는
파일 정리

상사　　"우리 부서원 전체 수상 실적이 정리된 자료가 있나?"

어느 날 갑자기 상사가 자료를 찾았다. 자료를 정리했던 직원은 휴가 중이었고, 급히 연락할 정도로 긴급한 사안은 아니었다. PC 비밀번호를 알 수도 없어 몇 명이 고민하고 있을 때, 한 대리가 말했다.

한 대리　　"공유 폴더에서 자료 찾았어요. 제가 파일 보내드릴게요."

어떻게 이렇게 금방 찾았을까? 다들 의아해하며 파일을 미리 가지고 있었던 건 아닌지 되물었다. 하지만 그는 공유 폴더에서 '수상 명단', '수상 실적', '수상', '포상' 네 가지 키워드로 검색했고, [부서원 정보 > 수상 실적] 폴더 안에서 '수상자 현황' 파일을 찾았다고 했다. 자료를 정리한 직원이 검색하기 좋게 파일명을 저장해 둔 덕분에 몇 분 만에 필요한 자료를 찾을 수 있었다.

폴더와 파일 정리는 단순히 깔끔해 보이는 미적 효과만 있는 게 아니다. 찾는 사람의 시간을 절약하고, 결국 업무 센스로 이어져 서로를 편하게 해준다.

비슷한 경험은 '조직 문화 활성화를 위한 부서별 연간 계획'을 수립할 때도 있었다. 전년도 계획과 회고를 반영해야 했는데, 새로운 부서로 옮겨온 터라 전임자가 작성한 자료를 확인해야 했다. '조직 문화'로 검색하니 100여 개의 파일이 떠올랐다. 저장일은 대부분 2~3년 전. '연간 계획'으로 검색하니 사업계획서, 행사계획, 월별현황이 뒤섞여 있어 폴더만 10개가 넘었다. 결국 취합 부서에 연락해 전년도 자료를 받

     PART 2 배우면서 바로 써먹는 일 센스

아야 했다.

이후 파일명을 단계별로 일관되게 정리하기 시작했다.

- [최초 양식] 2026년 조직 문화 활성화 계획_양식
- [팀별 취합] 2026년 조직 문화 활성화 계획_취합1_251201, 취합2_251204
- [수정본] 2026년 조직 문화 활성화 계획_수정1_251208, 수정2_251209
- [검토본] 2026년 조직 문화 활성화 계획_실장님검토_251209
- [최종본] ★2026년 조직 문화 활성화 계획_최종_251210

파일명이 길어도 괜찮다. 대신 날짜와 버전, 상태를 알 수 있게 적어야 한다. 필요하다면 키워드를 추가해 검색 범위를 줄이면 더 좋다. (예: 2026년 조직 문화 활성화 계획_최종_근로자의날 이벤트_251210)

부서 이동이나 인수인계를 하다 보면 '최종', '최종본', '최최종', '진짜최종' 같은 파일을 발견한다. 담당자는 나름 최종이라고 생각했지만 수정이 거듭되면서 이름만 달라진 채 파

일이 계속 늘어난 것이다. 혹시 지금 '최최최종' 파일을 수정하고 있지는 않은가? 최종본은 반드시 하나여야 한다. 그 과정에서의 수정과 검토는 날짜와 버전을 파일명에 붙여 저장해야 한다. 그래야 흐름을 파악할 수 있고, 후임자도 혼란 없이 이어받을 수 있다.

이미지 파일도 마찬가지다. 빨리 저장해서 삽입하려고 '1', '2', '11', '00'처럼 의미 없는 이름을 지정하는 경우가 많다. 몇 달만 지나도 본인조차 무엇인지 모른다. '운영회의_사진_250901', '연간보고서 표지_캡처_250903'처럼 저장해야 검색이 가능하다. 파일을 삭제할 때도 일일이 열어보지 않을 수 있으니, 저장할 때 딱 5초만 투자해 보자.

직원 A   "회의 자료 어디에 저장해요? 다음 주 날짜 폴더가 없는데, 지난주 폴더는 두 개예요. 지금 입력하고 외근 나가야 하는데 어떻게 하라는 건지 알려주세요."

폴더 이름이 혼선을 부르기도 한다. 정기 회의 일정도 알고 있고, 담당자가 자료 제출도 이미 공지한 상황이었지만, 취합 담당자가 지난주 폴더를 복사해 놓고 이름을 바꾸지 않아 혼란이 생겼다. 하필 지난주에 연휴가 있었고, 자료는 한

팀만 제출했었기 때문에 더 헷갈렸다. 내용이 같아도 파일명만 다음 주 날짜로 저장했어도 혼선은 줄었을 것이다. 지난주 파일을 복사하고 빈 서식으로 지우지는 않은 것이라 짐작할 수 있다. 공유폴더를 쓰면서도 기본적인 규칙 하나 지키지 않으면 모두가 시간을 낭비한다.

· 251020 주간회의 자료_서식
· 251013 주간회의 자료_제출최종

파일 정리는 결국 '검색 시간을 줄이는 기술'이다. 사소해 보이지만, 그 차이가 동료의 하루를 바꾸고, 상사의 인식을 바꾼다. 오늘 당신이 정리한 파일 하나가 내일 누군가의 시간을 30분 절약하게 만들고, 팀 전체의 효율을 끌어올린다. 그 순간 당신은 이미 '같이 일하고 싶은 사람'이 되어 있을 것이다. 파일 정리는 선택이 아니라, 일을 제대로 굴리기 위한 기본이다. 오늘부터 당신의 PC는 곧 팀의 얼굴이라는 생각으로 정리해 보자.

메신저는
나만의 비서

핸드폰으로 문자를 보내놓고 하염없이 답장을 기다리던 시절이 있었다. 메시지를 읽었는지, 언제쯤 답이 올지는 늘 상대의 반응에 달려 있었다.

하지만 지금은 다르다. 손에 든 휴대전화, 켜진 노트북, 태블릿 PC로 메신저를 어디에서든 바로 확인할 수 있다. 인터넷만 연결되어 있다면 시간과 장소에 관계없이 즉시 메시지를 주고받을 수 있다. 누군가에게 도움을 청하거나 일정을 조율하고, 파일을 공유하고, 결정 사항을 남기는 일이 한 앱

안에서 자연스럽게 이루어진다.

이제 메신저는 단순한 전달 수단이 아니다. 실시간으로 확인되고 기록되며, 반복되는 업무를 처리해 주는 확장된 업무 공간이 되었다.

그리고 이 공간을 어떻게 다루느냐에 따라 일의 결과가 달라질 수 있다. 누군가는 하루 종일 쌓여가는 메시지에 끌려다니며 일의 흐름을 놓치고, 또 누군가는 같은 기능을 이용해 정보를 정리하고 일정을 관리하며 일 센스를 드러낸다. 메신저 없이 업무하는 일과를 상상하기 어려울 정도로 많은 시간 메신저를 사용한다. 이 시간을 단순한 채팅으로 보낼지, 일을 정리하고 결정의 흔적을 남기는 도구로 사용할지는 각자의 전략에 달려 있다.

그래서 중요한 건 메신저를 덜 사용하는 것이 아니라, 더 똑똑하게 전략적으로 사용하는 것이다. 받는 메시지에 반응하는 사람이 아니라, 메신저를 설계하고 운영하는 사람이 되어야 한다.

지금부터는 메신저를 단순한 '대화창'이 아니라, 나를 위해 일하는 디지털 비서로 다뤄보자.

예약 메시지와 '나에게 보내기'

예약 전송 기능은 실수를 줄이고 메시지 완성도를 높이는 데 효과적이다. 5분 또는 10분 뒤 발송으로 설정하면, 전송 전 메시지를 다시 보고 불필요한 표현이나 모호한 내용을 걸러낼 수 있다. 특히 '나에게 보내기'로 테스트하면, 상대방이 어떻게 받아들일지를 미리 확인할 수 있다. 애매한 표현을 정돈하고, 받는 사람이 무엇을 해야 하는지 간결하게 전달하는 연습도 할 수 있다. 외부 나가는 중요한 메시지는 팀원만 먼저 받도록 보내서 교차 점검을 해보는 게 좋다. 이런 습관이 쌓이면 핵심을 정확히 전달하는 메시지 작성 능력이 꾸준히 향상된다.

검색이 쉬운 메시지 작성

업무 메시지는 한 번 보고 끝나는 경우가 드물다. 어제 공지를 다시 보거나, 지난주 공유파일을 다시 찾는 상황은 흔하다. 이럴 땐 첫 문장에 검색 키워드를 넣는 것이 좋다. 예를 들어 '<회의 결과> 9월 3주 부서 회의 요약'이라고 쓰면, '회의', '결과', '9월' 중 어느 단어로도 검색이 가능하다. 이렇게 하면 몇 주가 지나도 필요한 자료를 바로 찾을 수 있다.

또 한 줄마다 엔터를 쳐서 말풍선이 여러 개가 되는 것보다 내용을 한 덩어리로 작성하는 것이 가독성이 좋고 검색 효율도 높아진다. 예를 들어 교육 일정을 확인하고 지원 여부를 알려달라는 내용을 따로따로 적는 대신, 한 메시지 안에 개조식으로 정리하고 회신 기한까지 명시하면 읽는 사람 입장에서 훨씬 편리하다.

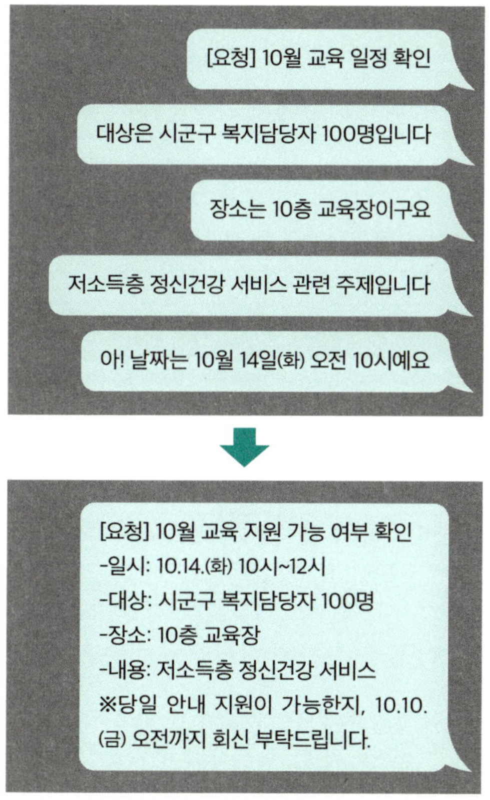

마지막으로, 메시지를 복사해 다른 곳에 붙여넣기 쉽게 작성하면 전파와 취합이 빠르다. "붙여넣기 좋은 메시지"를 만들면, 동일한 내용을 여러 사람에게 공유할 때 시간이 절약되고, 전달 누락도 줄어든다. 결국, 사람들이 쉽게 검색할 수 있게 정리하는 것이 센스다.

이모티콘은 '확인' 도구로

이모티콘은 축하나 위로처럼 감정을 전달할 때는 강력한 도구다. 하지만 업무 메시지에서 과도하게 사용하면 대화의 흐름과 가독성을 방해한다. 업무 상황에서는 확인·동의 표시로 활용하는 것이 효율적이다.

> 내일 필수 교육 참석이 가능하면 👍, 불가하면 💙 표시해 주세요.

이렇게 하면 복잡한 답변 없이도 회신 속도가 빠르고, 취합도 간단해진다. 특히 참석 여부나 동의 여부처럼 이분법적 선택이 필요한 경우에 가장 효과적이다. 예를 들어 "참석이 가능하신 분은 이 글을 복사해서 아래에 이름을 적어주세요"라고 하면, 몇 초 차이로 이름이 중복되거나 누락 되는 일이 생긴다. 이런 번거로움은 이모티콘 체크 방식으로 줄일 수 있다.

그룹 설정으로 사고 방지

국립기관 등 정보보안이 강화되는 조직에서는 카카오톡, 네이버 같은 대중적인 사이트의 접속이 차단된다. 이 때문에 업무 PC에서는 인트라넷과 전용 메신저만 사용할 수 있다. 이럴 때는 그룹을 목적별로 구분하는 것만으로도 일이 훨씬 편해진다.

(1) 팀원 그룹 - 업무 공유와 일상 소통을 빠르게 진행

(2) 팀원+상사 그룹 - 보고·승인·피드백을 즉시 전달

(3) 부서 내 협업 그룹 - 프로젝트·과제 단위로 다른 팀과 협력할 때 효율적

(4) 상급자 그룹 - 일정, 결재, 주요 의사 결정 관련 메시지 전용

(5) 친목 그룹 - 점심 약속, 사적인 대화를 업무 메시지와 분리

이 5그룹만 잘 설정해도 메시지가 섞이거나 잘못 전달될 위험이 크게 줄고, 관리해야 할 그룹 수가 최소화되어 긴급 상황에서도 혼선이 없다.

친한 동료의 의견을 듣고자 계획서 파일을 개인 쪽지로

보냈는데, 실수로 50명 부서원 전체에게 발송한 적이 있다. 순간 식은땀이 흐르고 가슴이 콩닥거렸지만, 과한 표현이나 부적절한 내용이 없어 안도했다. 알고 보니 한 명의 이름을 클릭하려다가, 그룹 전체 버튼을 누른 것이다. 그 사건 이후로는 목적에 맞는 그룹을 만들어 사용하고, 발송 전 그룹명과 수신자를 두 번 확인한다.

업무용 메신저에서도 예약 전송과 '나에게 보내기' 기능을 함께 쓰면, 메시지 내용을 사전 검열할 수 있다. 덕분에 의사 전달의 정확도가 높아지고, 불필요한 해명이나 사과를 피할 수 있다.

상단 고정으로 우선순위 관리

업무와 관련한 그룹채팅방을 채팅 목록 상단에 고정해 두면 중요한 연락이 묻히지 않는다. 알람을 꺼놨더라도 새 메시지

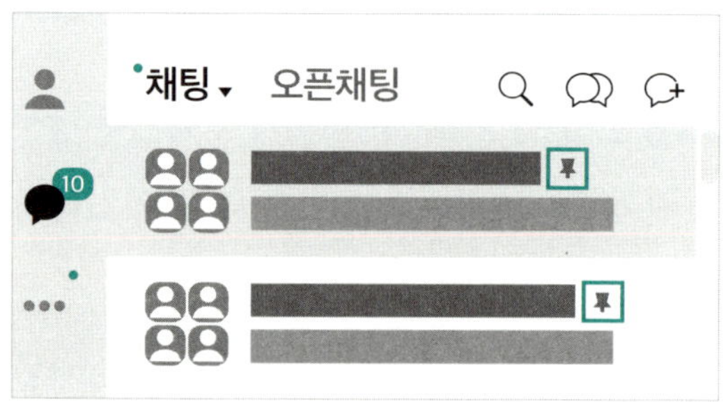

를 가장 빨리 확인할 수 있어 누락 위험이 줄어든다.

채팅방 내에서도 회의 자료, 일정, 파일 등을 상단에 고정하면 일일이 스크롤하지 않아도 되고 파일을 다시 달라고 요청할 필요도 없다. 다른 논의 대화가 이어져도 회의 자료는 쉽게 찾을 수 있다.

이 한마디만으로 대화방을 효율적인 정보 창고로 변한다.

'뉴스 봇'으로 아침 브리핑

사회적 이슈나 정책 변화가 업무와 직접 관련이 없어 보여도, 조직과 일에 영향을 주는 경우는 많다. 하지만 바쁜 일과 속에서 기사를 찾아볼 시간을 내기는 쉽지 않다.

카카오톡 채널에서 '뉴스봇'을 검색·추가한 후 키워드를 등록하면, 관련 기사 목록이 채팅창에 올라온다. 원하는 시간을 설정해서 정해진 시간에 기사를 받아볼 수도 있다. 출근길 오전 8시 40분에 알림을 받아 간단히 훑으면 검색 시간을 절약하면서도 세상 흐름을 파악할 수 있다. 여러 매체를 일일이 찾지 않아도 된다는 점에서 진짜 비서 같은 기능이다.

톡 타이머로 시간 압박 활용

25분 집중, 5분 휴식의 포모도로 타이머는 집중력을 높이는 데 효과적이다. 굳이 기기를 사지 않아도, 메신저에 타이머를 띄우고 알림을 설정하면 된다. 시간 제한이 있는 업무, 예를 들어 보고서 작성이나 프레젠테이션 연습처럼, 정해진 시간 안에 완성도를 높여야 하는 상황에서 특히 유용하다. 제한된

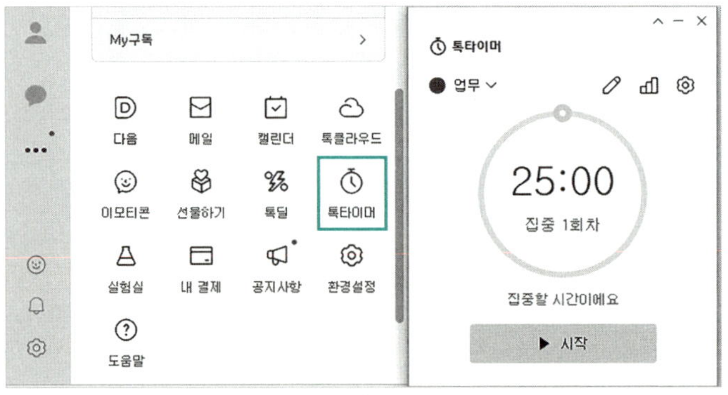

시간 안에 핵심을 완성해야 한다는 압박이 작업 속도를 높이고, 발표 감각을 키워준다.

회의 전이나 점심시간, 퇴근 시간 전 짧게 남은 시간을 활용할 때도 좋다. 예를 들어 회의 시작 15분 전, 마무리해야 할 메일 작성이나 자료 정리를 타이머로 설정해 두면 그 시간 동안 불필요한 방해 없이 집중할 수 있다. 이런 틈새 시간도 '집중 구간'으로 바꾸면 하루의 업무 밀도가 달라진다.

팁을 더하자면, 타이머 종료 후 바로 다음 할 일을 정리해 두면 흐름이 이어지고, 다음 집중 구간으로 전환이 빠르다. 짧은 시간 제한이 오히려 효율을 높이는 경험을 하게 될 것이다.

일정, 할 일, 알림으로 자동 기억

카카오톡 캘린더 또는 메신저 내 일정 기능을 활용하면 회의 시간, 마감일, 점검 일정 등을 자동으로 기억해 준다. 알람을 설정해 두면 다른 일에 몰두하더라도 중요한 일정을 놓치지 않는다. PC 버전 메신저를 쓰는 회사가 늘어나면서, 동일한 채널에서 일정과 업무 메시지를 함께 관리할 수 있다. '9/8(월) 오전, 실장님 메일 발송'처럼 작은 단위의 업무도 적어두면, 짧은 틈에 소소한 일을 처리할 수 있다.

흐릿한 기억이나 회의실에 두고 온 다이어리가 아니라

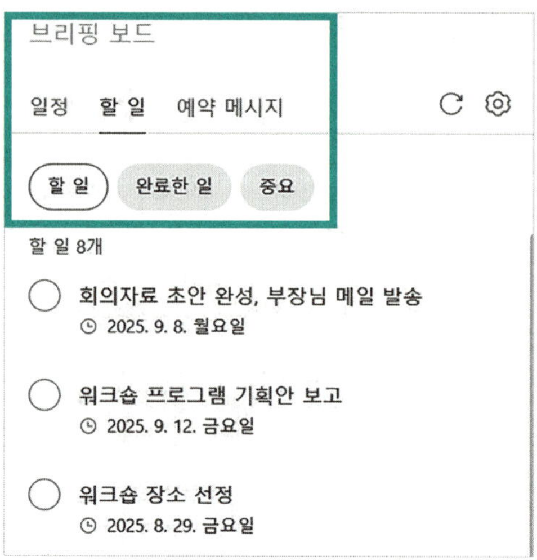

시스템이 기억하게 만드는 것이 핵심이다. '투두리스트' 앱을 따로 설치해서 사용하는 방법도 있지만, 관리할 채널이 늘어나면 어딘가 구멍이 생길 수밖에 없다. 가장 자주 사용하고 손 닿기 쉬운 한 가지 채널로 모을 수 있는 것들을 집합시키며 집중도가 높아진다.

메신저는 그저 대화만 하는 공간이 아니다. 어떻게 쓰느냐에 따라 방해꾼이 될 수도 있고 자동 비서가 될 수도 있다. 상단 고정, 일정·할 일 관리, 예약 발송, 정보 구독, 집중 타이머, 검색 친화적인 메시지 작성, 이모티콘 효율 활용, 그룹 설정 같은 기능들은 모두 작은 디테일이지만, 모이면 업무 속도와 정확도를 크게 끌어올린다.

핵심은 목적을 잊지 않는 것이다. 회의 등으로 자리를 비울 때, 지시 사항을 전달할 때, 확인이나 취합이 필요할 때, 자료나 일정을 공유할 때, 이 네 가지 상황만 떠올려도 메시지 작성과 기능 선택이 훨씬 명확해진다.

가장 자주 쓰는 프로그램을 내 편으로 만드는 건 거창한 변화가 아니다. 오늘부터 기능 하나, 작성 습관 하나만 바꾸면 된다. 그렇게 쌓인 작은 습관들이 당신의 메신저를 '시간을 아껴주는 비서'로 만들고, 결국 당신의 일 센스를 돋보이게 한다.

진정한 휴식을 위한 분신술

"휴가 중인데 미안, 혹시 어제 결재받고 실장님 별말씀 없으셨던 거 맞지?"

'휴가 중에 미안하면 연락하지 않으면 되잖아!' 직장 생활 초반에는 스마트폰이 없어 휴가 중에도 발신자를 알 수 없는 전화를 받아야 했다. 반나절이라도 쉴 때면 '또 전화가 오지 않을까' 긴장했고, 쉬는 날에도 최소 한두 번, 많게는 5번 이상 연락을 받았다. 그런데 이직한 직장은 분위기가 달랐다. 휴가

자에게는 연락하지 않는다는 암묵적인 규칙이 있었다.

직원 A "상은 씨는 휴가니까 연락하지 말고, 명단 포함해서 일단 보내죠. 수요일에 출근하면 일정 확인하고 변경 요청하면 되니까요."

휴가자에게 꼭 연락하지 않아도 방법을 찾을 수 있다는 사실이 신선한 충격이었다. 하지만 예외는 있었다. 인쇄 업체에서 시안 검토 요청 메일을 보냈는데 답이 없어 연락이 온 것이다. 선임이 전화를 걸어 확인해 보니, 담당자가 메일 확인을 깜빡했다고 했다. 시안을 꼼꼼히 보려고 자료를 집으로 가져갔고, 업체에는 수요일 오전에 연락하겠다고 메일을 보낸다는 걸 깜빡한 상황이었다. 간단한 업무 인계만 있었어도 연락까지는 필요하지 않았을 것이다. 당시 팀은 네 명뿐이라 '업무 공유'가 시스템화되지 않았던 탓이다. 인원이 늘고 협업이 많아지자 자연스럽게 인수인계 시스템이 만들어졌다.

휴가나 출장처럼 자리를 비우는 순간은 생각보다 자주 찾아온다. 그때마다 연락을 받지 않고도 일이 흘러가게 하려면 어떻게 해야 할까? 방법은 의외로 단순하다. 평소에 몇 가지 습관만 들여두면 된다.

갑자기 출장에 동행하라는 지시를 받을 수도 있고, 아파서 출근을 못할 수도 있다. 만약 중요한 업무를 오늘 꼭 해야 하는데 이 일을 알고 있는 사람이 없다면 출장 후에 늦더라도 복귀하거나 아픈 몸을 이끌고 출근하기도 한다. 하루 정도 공백은 전화만 대신 받아서 전달해 주면 되는 상황이 가장 좋지만, 내일 일은 아무도 알 수 없다. 회의로 장시간 자리를 비웠을 때 전화를 당겨 받은 동료가 간단한 내용을 답변할 수 있도록 하는 수준이면 충분하다. 사무실이 업무를 공유, 피드백을 수시로 하는 분위기라면 좋지만, 그렇지 않을 때는 퇴근 전 팀원과 업무 메신저로 업무를 공유해 보자. 예를 들어 퇴근 전 팀원에게 메신저로 이렇게 남기는 것이다.

- 보도자료
  - 과장님 검토 중, 엠바고 결정 후 홍보팀 발송 예정
- 5월 특강
  - A 교수님 강의 요청 메일 발송, 2일 내 회신 없으면 재연락 후 B 교수님 컨텍 계획

※주간 실적 취합
강 대리님, 하 주임님 입력 확인했습니다. 다른 분들은 이번 주 중 입력 완료해 주세요.

이 정도 정보만 있으면, 외부에서 "보도자료 언제쯤 나올

까요?"라는 문의 연락이 왔을 때, "엠바고 결정 후 바로 보낸다고 하셨으니 내일 오전쯤 될 것 같습니다"라고 답할 수 있다. 업무 공유가 없다면, "잘 모르니 내일 다시 전화 주세요"라는 답밖에 할 수 없다. 업무 공유는 '불필요한 연락을 줄이는 예방주사'다.

3일 이상 부재 시 업무 인계서를 작성한다

반나절 혹은 몇 시간 부재 시 '담당자가 부재하니 용건을 전달해 주겠다'라는 정도면 일을 추진 하는데 별문제가 되지 않는다. 하루 정도의 휴가라면, 동료가 당황하지 않도록 문의에 대응할 수 있는 간단한 가이드 정도만 메모해 두면 충분하다.

반면 3일 이상 자리를 비우는 경우라면, 진행 상황과 남은 업무, 예상되는 문의 대응을 포함한 인수인계서가 필요하다. 업무 공백이 길어질수록 동료가 책임감과 부담을 함께 떠안게 되기 때문이다.

또한 인계의 필요 수준은 기간뿐 아니라 시점에 따라 달라질 수 있다. 첫 주를 시작하는 월요일이나, 실적 관리나 취합 업무가 몰리는 금요일처럼 조직마다 특정 요일에 업무 집중도가 높은 경우가 있다. 이런 때 자리를 비우면 동료의 업무량과 대응 부담이 커질 수 있기에 상황에 맞는 인계가 필요

휴가 중 업무 인수인계서				
인계자	이름	김상은	인수자 1	이오월
	휴가기간	2025.8.18.월 ~8.20.수	인수자 2	박단밤
	비상연락처			
우선순위	업무 진행 상황		부재 기간 요청 사항	
1	홍보 브로슈어 제작: 업체 A 시안받음 - 수정 사항 회신 필요 - 시안 1차 검토 완료 - 업체에 21(목) 오전 중에 연락하겠다고 메일 답장 발송 완료		시안 회람, 수정 사항이 있으면 피드백 주세요. 업체에서 재촉 연락이 오면, 업체 상황만 물어봐 주세요. (→ 시안은 목요일 10시 전까지 회신 가능)	
2	B 교수님 강의 요청 - 메일 보냈고, 메일 미확인 상태 (일정, 주제, 강사료 기준 모두 전달) - 하루 한두 번 메일 확인 예정		사무실로 전화가 올 경우, 강의 가능 여부 여쭤봐 주세요. 문의 사항은 답변 가능한 선에서만 해주시고, 메일 주시면 하루 이내에 담당자가 답장하겠다고 전달해 주세요.	

하다.

결국 인계는 과한 준비가 아니라, 모두를 위한 최소한의 배려다. 내가 쉬는 동안 업무가 멈추지 않도록 하고, 동료가 불필요한 곤란을 겪지 않도록 돕는 작은 준비, 그 정도면 충분하다. 그리고 이 작은 준비 덕분에 짧은 휴가라도 온전히

'쉼'을 누릴 수 있다.

예상되는 부재 일정을 최대한 빨리 보고한다

휴가 결재를 미루다 보면 눈치를 보게 된다. 이미 다른 팀원이 같은 시기에 빠지겠다고 하면 불필요한 긴장이 생긴다.

"다음 달 19일 금요일에 어머니 병원 진료에 같이 가야 해서 하루 쉬려고 합니다. 예약 시간만 확인하고 결재 상신 하겠습니다."

이렇게 미리 말해두면, 다른 동료의 일정과 겹쳐도 상사는 납득한다. "왜 미리 말 안 했어?"라는 말을 듣지 않게 되는 것이다. 꼭 휴가가 아니더라도, 업무 일정은 미리 보고하고 공유하라는 말은 상사 유형을 막론하고 자주 한다.

물론 두세 달 뒤 일정까지 너무 일찍 알리면 상사가 기억하지 못할 수 있다. 그렇지만 확정된 일정이라면 미리 일정을 알리고, 결재 상신은 2~3주 전쯤 한 번 더 보고하고 진행하면 된다.

"제가 10월에 여행을 다녀오고 싶어서 4일 정도 휴가를 사용하려고 하는데 괜찮을까요? 항공권 예약을 하려고 해서 미리 말씀드리고, 다음 달 말 정도에 다시 보고드리고 결재 상신 하겠습니다."

이메일, 메신저 시스템이 일하게 하라

이메일 자동 답장 기능을 사용해 본 적이 있는가? 모든 메일에 자동 답장이 필요한 것은 아니다. 그러나 부재 기간에만 자동 답장을 설정해도 복귀 후 일 처리가 훨씬 수월하다. 업무용 메일을 별도로 쓰고 있다면 특히 유용하다. 대부분의 시스템은 자동 답장을 지원하니 꼭 활용해 보자. 네이버 메일은 '환경설정 > 부재중 설정'에서 부재 기간, 답장 내용을 입력해서 저장하면 된다.

10.13.월~10.16.목, 4일간 휴가로 자리를 비웁니다.

업무 관련 문의 사항은 02-999-1111(사무실)로 연락해 주세요.
아래 업무에 대해서는 담당자 직통번호로 연락해 주시길 바랍니다.
- 교육 신청 문의 / 전화번호(대직자명)
- 홈페이지 관련 문의 / 전화번호(대직자명)

꼭 직접 확인해야 할 중요한 메일이 있다면 방법도 있다. 휴대폰 앱으로 확인하거나, 환경설정에서 특정 발신자(예: 상사, 주요 고객)로부터 온 메일만 별도 알림을 받도록 하면 된다.

업무용 메신저에는 '내 이름' 혹은 '대화명'에 휴가 중임을 입력하면 된다. 용건이 있어 메시지를 보내려고 이름을 검색했을 때 휴가 중이라는 사실을 인지하면 다른 팀원에게 연락하거나, 긴급하지 않은 일은 메시지를 남길 수 있다.

중요한 것은 내가 휴가 중이라는 사실을 시스템이 대신 알려주게 하는 것, 그래서 불필요한 연락과 오해를 줄이는 것이다.

연락 가능 여부와 상태를 공유하라

오랜만에 떠난 가족 여행에서 업무 연락이 쏟아지면 소중한 시간을 온전히 누릴 수 없다. 제대로 쉬고 싶다면 인수인계를 철저히 하는 것이 최선이다. 하지만 예상치 못한 일이 생기거나 긴급 상황이 발생하면 회사에서 연락이 올 수 있다.

이럴 때는 미리 연락 가능 여부와 상태를 공유해 두는 것이 도움이 된다. 예를 들어, "월요일 저녁부터 화요일 저녁까지는 비행 중이라 카카오톡 연락이 어렵습니다" 정도만 팀 내에서 공유해도 충분하다. 다른 팀에서 급한 연락이 와도, 동료가 대신해서 "비행 중이라 연락이 어렵고, 내일 확인하실 거예요"라고 안내할 수 있다. 정말 긴급한 상황이라면 동행자 연락처를 한 명 정도 남겨두는 것도 방법이다. 부서의 행정 업무를 총괄하는 직원에게 알리거나, 없다면 팀 내 한두 명에게만 알려두면 된다.

휴가는 쉼이 목적이다. 연락 가능 여부를 공유하는 작은 준비가, 당신의 휴식과 팀의 업무 모두를 지켜준다.

휴가든 출장이나 회의든, 내가 자리를 비워도 일이 끊기지 않게 하려면 개인의 습관만으로는 한계가 있다. 공유폴더, 클라우드, 공동 프로젝트 플랫폼을 활용해 자료와 진행 상황을 누구나 확인할 수 있도록 열어두는 것, 이것이 기본이다. 여기에 업무 공유, 인계서 작성, 일정 보고, 자동 회신, 연락 가능 여부 공유 같은 작은 습관이 더해지면, 일이 자연스럽게 이어지고 동료의 부담도 줄어든다.

휴식은 사치가 아니다. 제대로 쉬는 사람이 더 오래, 더 집중해서 일할 수 있다. 그러려면 '내가 없어도 되는 체계'를 평소에 만들어야 한다. 업무 분장은 곧 분신술이다. 내가 자리를 비워도 일이 흘러가게 만드는 힘, 그것이 진짜 업무 센스다.

콩고물을 함께 나눌
파트너는 누구인가

상사 "이번 회의 자료 PPT는 김 주임이 혼자 했나? 전달할 내용이 많은데도 간결하게 잘 정리했어."

나 "감사합니다. 홍 대리님이 템플릿을 구성해 주셔서 내용 정리하기가 수월했습니다."

50페이지가 넘는 회의 자료 작성이 막막했는데, 같은 팀 선임인 홍 대리 덕분에 야근하지 않고도 기한 내에 자료를 넘길 수 있었다. 그냥 도와준 건 아니었다.

나 　"홍 대리님, 회의용 PPT 자료 작성 노하우가 있을까요? 이번에 알려주시면 다음부터 일일이 여쭤보며 귀찮게 하는 일 없도록 하겠습니다. 마무리하는 대로 홍 대리님 행사 준비도 도울게요."

　순서, 페이지 구성, 강조 부분 등 신경 써야 할 부분이 많았다. 초안을 완성해도 가독성이 떨어져 며칠씩 야근하며 수정하는 일이 다반사였다. PPT를 잘 만드는 선임에게 도움을 구하며 단순히 "도와주세요"가 아니라 '도움을 주었을 때, 상대에게 어떤 이득이 되는지' 설명을 덧붙였다. 그러자 홍 대리는 '이번 회의에서는 해결 방안을 앞부분에 강조하고, 색상은 두 가지 정도로만 제한하라'며 페이지 구성까지 정리해 주었다. 3시간은 걸릴만한 일을 20분 만에 끝냈고, 그 과정을 지켜보며 일하는 순서까지 배울 수 있었다. 결과적으로 야근을 피했고, 팀장님께 칭찬도 받았으며, 도움을 준 홍 대리 역시 이름이 드러났다.

　이 사례로 협업을 위한 원칙을 정리해 볼 수 있다.
　첫째, 상대의 이득을 먼저 말하는 것이 좋다. 단순히 "도와주세요"라고 하기보다 '이번에 알려주시면, 다음에는 혼자

해낼 수 있고 당신 일도 돕겠다'라고 말했기에, 홍 대리는 기꺼이 자신의 노하우를 공유했다. 협업은 '내가 편해지자고 요청하는 것'이 아니라 '상대에게도 이익이 있다'라는 설득에서 시작된다. 물론 어떤 경우엔 상대의 이득이 당장 보이지 않을 수 있다. 그럴 땐 적어도 공손함과 진정성, 즉 염치 있는 부탁이 필요하다. 상대의 도움이 나에게 얼마나 절실한지와 진심을 담은 감사를 표하고, 다음에는 같은 도움을 반복해서 요청하지 않겠다는 의지를 보여주면 된다. 이런 과정이 쌓이면 굳이 말하지 않아도, 상대는 내가 도와준 만큼 이 사람이 성장한다는 신뢰를 갖게 된다.

둘째, 역할을 명확히 나누어야 한다. 회의 자료를 작성할 때도 누가 초안을 쓰고, 누가 디자인을 보강하고, 누가 검토할지 선명히 나누면 일이 훨씬 매끄럽다. "제가 자료 취합을 맡을게요. 디자인은 홍 대리님이 보강해 주시면 됩니다"라는 한 마디가 협업을 부담이 아니라 분담으로 만든다.

셋째, 성과와 공을 공유해야 한다. 회의에서 칭찬을 받은 순간에도 "홍 대리님이 도와주셔서 가능했습니다"라고 함께 이름을 언급했기에, 협업은 좋은 경험으로 남았다. 성과를 독차지하지 않고 공을 나누는 태도는, 다시 협업하고 싶은 동료를 만드는 가장 확실한 방법이다.

반대로 이 원칙을 지키지 않으면 협업은 쉽게 무너진다. 한 프로젝트에서 실무자가 디자인팀에 큰 도움을 받고도 보고 자리에서 "제가 밤새워 준비했습니다"라고 말해버렸다. 디자인팀은 "다시는 같이 일하고 싶지 않다"라는 반응을 보였다. 성과를 공유하지 않은 탓이었다.

또 다른 경우는 역할 분담이 모호했던 회의 준비였다. 누가 발표 자료를 맡고, 누가 현장 세팅을 맡는지 정하지 않은 채 일을 시작했다가, 결국 같은 일을 두 팀이 중복으로 하게 되었고, 정작 필요한 부분은 비어버렸다. 서로의 노고는 배가 되었지만, 성과는 오히려 반감되었다.

협업은 선택이 아니라 필수다. 혼자서는 버거운 일이 많아지는 시대에, 협업은 일을 빠르게 끝내는 기술이자 오래 버티는 생존 전략이다. AI가 대체할 수 없는 협업이 여전히 많고, 사람과 함께 하는 협업이 직장에서의 성과에 많은 영향을 준다. 성과를 독차지하거나 역할을 애매하게 두는 순간, 협업은 곧 불신으로 바뀌고 관계는 금세 소모된다. 그래서 협업은 그 사람의 일 센스뿐 아니라 인성까지 드러나는 시험대다.

성과는 늘 혼자보다 함께할 때 더 크게 돌아온다. 작은 콩고물이라도 함께 나누는 순간, 그것은 더 이상 '남는 것'이 아니라 신뢰와 동료애라는 새로운 자산으로 바뀐다. 당신은 어떤 파트너로 기억되고 있는가?

그 답이 바로, 당신이 앞으로 어떤 협업을 만들어 갈지 결정할 것이다.

PART 3

상사도 훔쳐보는 '상사 유형별' 보고 센스

성과·실행 중심형 상사

비교할 수 있는 데이터를 준비하세요

성과 지향형 상사는 결과와 숫자를 중시한다. 그래서 보고 때마다 반드시 등장하는 질문이 있다.

"그래서 얼마나 했다는 건가?"
"목표 대비 몇 퍼센트(%)인가?"

이들에게 중요한 건 일이 얼마나 힘들었는지가 아니라, 비교할 수 있는 데이터와 추세다. 지난 분기 대비, 전년 대비,

업계 평균 대비 등 '기준점'을 반드시 제시해야 한다.

예를 들어, 지난 분기 대비 130%를 달성했다고 보고했는데 상사가 "작년 같은 분기와 비교하면?"이라고 물었을 때 답변이 막히면 신뢰도는 바로 떨어진다. 성과 데이터 세 가지 '①전월/전분기, ②전년 같은 기간, ③업계 또는 목표치'와 비교할 수 있는 자료를 습관처럼 준비해야 한다. 그래야 예상치 못한 질문에도 당황하지 않는다.

성과 지향형 상사는 결정이 빠르고, 평가도 냉정하다. 성장세가 보이면 칭찬을 아끼지 않지만, 감소세가 보이면 이유와 개선책을 바로 요구한다. 여기서 '감염병 유행 때문에', '인력이 부족해서'처럼 변명으로 들릴 수 있는 설명을 하면 오히려 역효과다. 이들은 문제의 원인을 짚되, 동시에 해결안을 내는 사람을 높이 평가한다. 예를 들어, 이렇게 말할 수 있다.

"지난 분기 대비 130% 성과지만, 전년 동기 대비는 5% 감소했습니다. 원인은 코로나19 장기화와 관련 법 개정이 논의 중이기 때문으로 분석됩니다. 다음 분기에는 신규 거래처 발굴과 단가 조정을 병행해 8% 이상 반등시키겠습니다."

성과 지향형 상사는 특히 숫자로 듣는 것을 좋아한다. 자원봉사자 송년회를 준비할 때도 그랬다. 격려사를 할 기관장님이 수치와 비교에 유난히 밝은 분이라, 단순 현황 보고로는 임팩트가 약할 것 같았다. 그래서 연간 누적 봉사 시간을 모두 더해 최저시급으로 환산해서 발표했다.

[2024년 자원봉사자 활동 현황]

- 봉사자 인원: 총 76명
- 누적 봉사 시간: 8,992시간
- 1인당 평균 봉사 시간: 118시간
- 월별 평균 봉사자 수: 6.3명
- 봉사 분야: 총 13개 영역
  (레크리에이션, 음악치료, 환자도서관 등)

▶

[2024년 자원봉사자 활동 현황]

봉사자 인원 총 76명
누적 봉사 시간 약 9,000시간

> 9,000시간(76명)×10,500원
> =9,450만 원

* 최저시급 10,500원 기준, 인력 투입 예산 산출

강사·계약직 고용 시 1억 이상 소요
→ 자원봉사로 연간 1억 절감 효과

"계약직을 고용하거나 강사를 섭외했다면 약 1억 원 이상이 필요했습니다. 여러분 덕분에 이 예산을 절감할 수 있었습니다."

이렇게 발표하자 참석자들의 박수가 터져 나왔다. 한 줄 수치와 금액만으로 행사장의 분위기가 달라졌다. 봉사자들은 뿌듯함을, 직원들은 놀라움을 감추지 못했고, 관장님의 피

드백은 짧고 강력했다.

관장　　　"1억! 인상적이었어요. 앞으로도 기대할게요. 아주
　　　　　좋아."

　　　이렇게 말하며 그 자리에서 봉사자 지원책을 약속했다. 물론 돈으로 모든 가치를 환산할 수 없다. 다만 성과를 체감하고 쉽게 이해하도록 돕는 도구로 적절히 활용하면 일에서는 유용하게 작용한다. 이 경험에서 배운 건 성과 지향형 상사 앞에서는 숫자가 곧 설득력이라는 것이다. 준비한 데이터가 많을수록, 비교 기준이 명확할수록, 그리고 그 숫자가 전달하는 메시지가 분명할수록 원하는 결과를 얻을 확률이 높아진다.

　　　그래서 성과 지향형 상사 앞에서는 비교 수치를 구체적으로 만드는 것이 좋다. 비교 수치가 반드시 거창할 필요는 없다. 예를 들어, 홍보 책자 배포 실적을 '전년 대비 10% 상승'이라고만 하면 임팩트가 적다. 하지만 발송 대상 업체 수를 함께 비교하면 이야기가 달라진다.

'24년 2,000부 → '25년 2,200부(전년 대비 10% 상승)

'24년 1,300개 업체 → '25년 1,900개 업체(전년 대비 46% 상승)
'24년 2,000부 → '25년 2,200부(전년 대비 10% 상승)

이렇게 제시하면, 단순 부수 증가보다 훨씬 설득력이 있다. 가능하다면 그래프·도표를 활용하고, 지면이 제한된다면 한두 줄 안에 핵심 비교치를 압축하자.

성과 지향형 상사는 '느낌'보다 '증거'를 원한다. 수치와 비교치는 그들의 언어이자 의사 결정의 핵심 도구다. 따라서 자료를 준비할 때는 '어떤 숫자로 말할 것인가'를 먼저 정해

책자 홍보 현황('24~'25)

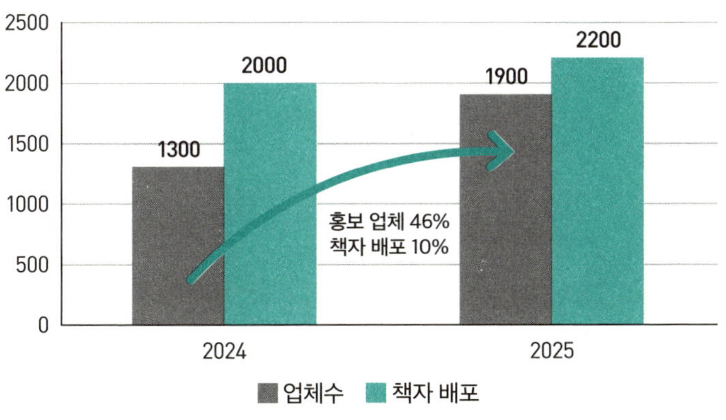

야 한다. 한 번이라도 상사가 "좋아요. 이건 확실하네요"라고 반응한 경험이 있다면, 그 순간이 당신의 보고 습관을 바꿔놓았을 것이다. 보고서에 미처 담지 못한 데이터가 있다면 반드시 말로라도 설명해야 한다.

숫자는 단순한 데이터가 아니라, 당신의 전문성을 증명하는 언어다. 때로는 10장짜리 보고서보다 강력한 수치 한 줄이 상사의 신뢰를 얻고 회의의 흐름을 바꾸기도 한다. 성과를 수치로 표현하는 일은 보여주기가 아니라, 어떤 성과 지향형 상사 앞에서도 흔들리지 않게 하는 무기가 될 수 있다. 이 과정이 익숙해지면, 상사와 동료들은 당신을 '결과로 말하는 사람, 핵심을 잘 찾는 사람'으로 기억할 것이다. 성과 지향형 상사 앞에서는, 숫자 한 줄이 최고의 무기다.

✳ 관찰, 준비, 표현, 업무 센스 ✳

관찰 센스: 성과 지표(매출, 달성률, 비교치 등)를 미리 파악하라.

준비 센스: 전월·전분기, 전년 동기, 업계 평균/목표치의 3종 비교 데이터를 반드시 갖춰라.

표현 센스: "목표 대비 ○○%입니다"라고 수치로 말하라.

업무 센스: 성과와 관련된 일정부터 관리하라.

대안을 가지고
보고하세요

단순하고 반복적인 업무일지라도 문제 상황은 언제든 발생한다. 회의 자료의 날짜를 잘못 적어 이미 배포된 취합본에서 오류를 발견했을 때, 디자인 시안 세 가지가 모두 마음에 들지 않을 때, 행사 직전에 케이터링을 추가하라는 지시가 내려왔지만 예산이 턱없이 부족할 때, 실무자를 당황하게 만드는 돌발 변수는 늘 기다렸다는 듯 나타난다.

실무자도 문제 상황을 피하고 싶지만, 상사는 여기에 특히 예민하다. 여러 사람의 업무를 관리하며 목표와 성과를 책임져야 하기 때문이다. 작은 실수는 눈감아 줄 수 있어도, 그 실수가 사고로 이어지면 상사는 직원 관리와 업무 관리 모두 놓친 사람으로 평가받는다. 그래서 문제 해결형 상사는 '문제 상황'보다 '해결 가능성'을 먼저 듣고 싶어 한다. 이는 곧, 상사가 리더로서 통제감과 책임감을 잃지 않으려는 심리이기도 하다.

중요한 행사에서 외빈 의전을 준비하던 일이 있었다. 좌장 교수님이 차로 30분 거리에서 오시는데, 건강 상태가 양호하지 않으시니 직접 모셔 오라는 지시가 있었다. 회사 차량을 신청했지만, 이런저런 이유로 사용할 수 없다는 답이 돌아왔다. 초보운전이라 길을 잘못 들면 행사 시간에 맞추지 못할 위험도 컸다. 그렇다고 지시를 무시할 수도 없었다.

문제가 발생하면 즉시 보고하는 게 원칙이다. 하지만 문제만 던지는 보고는 오히려 상사를 답답하게 만든다. 실무자 선에서 가능한 대안이나 아이디어를 곁들여야 한다.

나 "실장님, 좌장 교수님을 모시러 가야 하는데 차량 사용이 어렵고 저는 초보운전이라 직접 운전하기에는 위험 부담이 더 큰 상황입니다."

상사가 질문하기 전에 대안을 말했다.

나　　"옆 팀 윤 주임이 도와줄 수 있는데, 경차라서 신경이 쓰인다고 합니다. 아니면, 교수님과 친분이 있는 이대신 교수님이 혹시 함께 이동하지 않으시는지 여쭤보면 어떨까 생각했습니다."

실장은 잠시 고민하다가 이렇게 답했다.

실장　　"윤 주임이 도와주려는 건 고맙지만, 개인 차량은 부담이 될 수 있어요. 이대신 교수님께 여쭤보는 편이 낫겠어요. 혹시 같이 이동하지 않으신다고 하면 나라도 가야죠. 일단 연락드려 봐요."

상사는 두 가지 대안을 듣고 곧바로 판단을 내렸다. 연락하니 이미 이대신 교수님이 좌장 교수님을 모시기로 했다고 해서 문제는 순조롭게 해결됐다.

또 다른 상황도 있었다. 기관장님이 갑작스럽게 내외빈을 위한 고급 식순지를 별도로 제작하라고 지시하셨다. 예산은 빠듯하고 소량 인쇄는 단가가 높아 난감했지만, 이번에도 문제만 던지지 않았다.

나 "기관장님께서 식순지를 별도로 제작하라고 하셨는 데 예산이 부족합니다. 자료집 제작 업체에 문의했더니 20만 원 정도 소요되는데, 자료집 메모 페이지를 줄이고 식순지를 제작하는 방법을 검토 중입니다. 디자인은 고 대리가 플랫폼에서 샘플을 찾고 있습니다."

문제만 전달하는 대신 현황, 대안, 진행 계획을 함께 보고한 것이다. 이를 들은 상사는 '예산 부족'이라는 문제에 머무르지 않고, 이미 준비된 선택지 속에서 빠르게 결정을 내릴 수 있었다.

이 두 가지 사례의 공통점은 분명하다. 상사에게 문제 그 자체보다 해결 가능성을 말했어야 한다는 점이다. 문제만 던지면 상사는 되물으며 답답해하고, 실무자는 방어적으로만 대답하게 된다. 하지만 "이런 문제가 생겼는데, 이런 방법을 검토했습니다"라고 보고하면 상황은 달라진다. 상사는 즉시 결정을 내리고, 실무자는 준비성 있는 사람으로 평가받는다.

그렇다면 구체적으로, 문제 해결형 상사에게는 어떤 방식의 보고가 통할까? 이 유형의 상사는 문제만 듣는 것을 가장 싫어한다. 그래서 이들에게는 세 단계로 보고하는 방식이 효과적이다. 먼저 사실을 간결하게 전달해야 한다. "차량 사용이 불가능하다는 답을 받았습니다"처럼 상황을 짧고 명확하게 설명하는 것이다. 이어서 가능한 대안을 한두 가지 정도 제시한다. "윤 주임이 개인 차량으로 모시는 방법과, 이대신 교수님께 동행 가능 여부를 확인하는 방법이 있습니다"라고 말하는 식이다. 마지막으로 그중에서 가장 적절하다고 판단되는 방안을 함께 제안한다. "○○○이 더 적절해 보입니다"라고 덧붙이면, 상사는 곧바로 판단을 내리기 쉽다. 이렇게 보고하면 상사가 불필요하게 같은 질문을 반복하지 않아도 되고, 결정을 빠르게 내릴 수 있어 일의 흐름이 끊기지 않는다. (*사실 전달 → 대안 제시 → 의견 제안)

"문제가 생겼습니다"라는 보고 후, "그래서 어쩌자는 거야?" 같은 답을 듣기 싫다면 이런 보고 방식을 연습해 보자. 문제와 함께 대안을 제시하는 직원에게 상사는 믿을 만하다는 인식을 갖게 된다. 습관이 되면 실무자 본인의 역량을 점점 키워준다. 문제 상황에서 늘 해결책을 찾고, 선택지를 준비하는 훈련을 하다 보면 어느새 문제 해결형 인재가 되는 것이다.

보고는 단순히 상사에게 사실을 알리는 과정이 아니다. 상사의 결정을 앞당기고, 업무의 흐름을 살리는 일이다. 문제 해결형 상사에게 보고할 때는 반드시 대안을 곁들여라. 그것이 곧 당신의 센스이고, 당신의 성장이다.

문제를 말할 때는 해답까지 준비하는 것, 그것이 문제 해결형 상사 앞에서의 센스라는 걸 잊지 말자.

✳ 관찰, 준비, 표현, 업무 센스 ✳

관찰 센스: 상사가 우선시하는 기준(업무 속도, 예산, 안전 등)을 관찰해 두고, 대안을 찾아라.

준비 센스: 사실 보고에 더해 최소 한두 가지 현실적 대안을 항상 준비하라.

표현 센스: "문제가 발생했는데, ○○ 방법과 □□ 방법을 검토했습니다"라고 말하라.

업무 센스: 문제 발생 시 메신저로 즉각 보고하고, 문제 해결에 도움을 줄 수 있는 동료를 찾아라.

구체적인 계획과
예상 결과를 보여주세요

실무 숙달형 상사는 때로는 실무자보다 일을 더 많이 파악하고, 더 세밀하게 계획을 세운다. 장단기 계획과 단계별 업무 목록은 물론, 예상되는 문제 상황과 그에 따른 대안까지 단숨에 제시할 수 있다. 심지어 누가 제대로 일을 하고 있고, 누가 형식적으로 끼어드는지도 꿰뚫어 본다.

이런 상사와 함께 일하면 실무자는 시간적으로도, 심리적으로도 압박을 느낄 수밖에 없다. 열심히 일하는 직원의 세세한 노고까지 알아주지만, 일의 속도가 워낙 빨라 따라가느라 지칠 때가 많다. 하지만 누가 일을 하는 사람이고, 누가 잔머리를 굴리는지 금방 파악하기 때문에 대충 일하려는 직원은 이런 유형의 상사 밑에서 버티기 힘들다. 결국 직원들이 편하게 지내기는 어려운 유형인 셈이다.

그렇다고 해서 부정적인 면만 있는 것은 아니다. 실무 숙달형 상사는 웬만한 돌발 상황에도 즉시 대처가 가능하고, 실무 경험으로 쌓은 네트워크 자원이 풍부하다. 그래서 일을 계획하는 단계에서 구체적으로 질문하며 조언을 구하면, 일의 완성도를 높일 수 있다. 특히 직장 생활을 갓 시작한 신입 직원에게는 훌륭한 학습의 기회가 된다. 일의 시작부터 끝까지 과정을 어떻게 처리하는지, 누구에게 언제 보고하고 어떤 방식으로 조율하는지를 가까이서 지켜보기만 해도 큰 자산이 되기 때문이다. 그리고 직원들의 무임승차 시도가 줄어드는 효과도 있다.

실무 숙달형 상사의 업무 방식이 계획형인 이유는 단순하다. 스스로 실무를 통해 성장했기 때문에, 다른 사람도 구체적인 계획과 실행을 보여야만 신뢰할 수 있다고 믿는 것이다. 따라서 실무자는 '과정을 소홀히 하지 않는 태도'와 '결과를 수치로 보여주는 습관'을 함께 가져야 한다. 그 순간, 이 상사는 당신을 '믿고 일을 맡길 수 있는 사람'으로 평가할 것이다.

　이런 유형의 상사와는 어떻게 일해야 센스를 발휘할 수 있는 것일까? 일에 능숙한 상사는 스스로 업무 능력이 뛰어나다는 사실을 잘 안다. 그렇기 때문에 그들의 장점을 인정하며 배우려는 태도를 보이면 신뢰가 두터워진다.

"행사 계획은 실장님이 하셨던 방식대로 해 봤습니다."
"지난번에 알려주신 대로 했더니 답이 보입니다. 앞으로도 이런 식으로 적용해 보겠습니다."

　실무에 능한 상사는 속도감 있는 대응을 중요하게 여긴다. 실무 숙달형 상사가 관리자가 될 수 있었던 이유도, 문제 상황에서 신속히 판단하고 움직였기 때문이다. 게다가 경험이 체화되어 있어, 부하 직원이 처리하는 일을 보고도 머릿속에서 훨씬 빠르게 다음 단계를 그려낸다. 그렇기에 실무자는 아직 다 마무리하지 못했더라도 "지금은 이 단계, 다음은 이렇게 하겠다"라는 계획을 반드시 알려주어야 한다.

"말씀하신 대로 초안을 잡고 있습니다. 팀 내 회의가 필요해서 의견을 모은 후 정리해서 내일 오후에 보고드리겠습니다."

"간담회는 일정대로 추진할 수 있게 관계자들에게 연락했습니다. 7명 모두 직접 통화했고, 각각 제안하신 내용을 바탕으로 안건 자료를 만드는 중입니다. 진행 방식에서 수정해야 할 부분이 있으면 말씀해 주세요."

실무 숙달형 상사는 큰 그림은 그릴 수 있지만, 모든 세부 사항을 직접 챙기지는 못한다. 이때 실무자가 꼼꼼하게 챙기고 있다는 인상을 주면 신뢰가 쌓인다. 다만 상사가 놓쳤다는 뉘앙스를 드러내지 않고, 상사의 결정이 기반이 되었음을 강조해야 한다.

"말씀해 주신 큰 방향은 반영했고, 장소는 인원 변동을 고려해서 10인실과 20인실 두 곳을 예약했습니다."
"보고서 큰 틀을 잡아주셔서, 참고할 만한 데이터와 보도자료까지 준비해 보겠습니다."

이런 표현은 상사의 경험과 권위를 인정하면서도, 실무자가 세부를 책임지고 있다는 메시지를 자연스럽게 전한다. 결국 배우려는 태도, 속도감 있는 보고, 세부적인 챙김이 실무 숙달형 상사와 일할 때 발휘해야 할 센스다.

 PART 3 상사도 훔쳐보는 '상사 유형별' 보고 센스

이 유형의 상사와 일할 때 기억해야 할 점이 있다. 문제가 생긴 즉시 보고하는 것이 가장 중요하다는 점이다. 문제 해결형 상사는 대안을 중시하지만, 실무 숙달형 상사는 직접 문제를 해결할 의지와 역량이 충분하기 때문에 적극적으로 도움을 청해도 좋다. 오히려 상사가 문제 해결에 결정적인 역할을 하면 "일을 잘하는 상사"라는 평가가 뒤따르고, 상사에게도 보람이 된다.

다만 주의할 점이 있다. 상사가 나서주는 경험이 반복되면 실무자는 배우지 못하고, 자칫 '일을 자꾸 떠맡기는 직원'으로 비칠 수 있다. 따라서 상사가 문제를 직접 해결하는 과정을 지켜보며 일하는 방식을 배우고, 다음에는 스스로 적용해야 한다. 또한 상사가 문제를 해결했다고 해서 실무자의 역할이 끝나는 것이 아니다. 정리·기록·추가 연락 같은 후속 업무를 실무자가 챙겨야 진정한 협업이 된다. 이렇게 하면 상사의 역량을 빌리면서도, 실무자의 책임감과 성장을 함께 보여줄 수 있다.

실무 숙달형 상사와 일한다는 건 때로는 큰 부담이지만, 동시에 더없이 좋은 성장의 기회다. 이들의 노하우와 속도감은 실무자가 바로 옆에서 배울 수 있는 생생한 교과서이기 때문이다. 중요한 건 의존하지 않고 배우는 것이다. 문제를 즉시 보고하고, 상사의 방식에서 힌트를 얻어 스스로의 방식으로 재현해 내는 순간, 실무자는 단순한 보조자가 아니라 함께 성과를 만들어 가는 파트너가 된다.

실무 숙달형 상사에게는, 구체적인 계획과 빠른 실행이 최고의 신뢰다.

✳ 관찰, 준비, 표현, 업무 센스 ✳

관찰 센스: 상사가 얼마큼 파악하고 있는지 체크하라.

준비 센스: 실행 계획과 예상 성과를 수치로 정리해 자료로 제시하라.

표현 센스: "지금은 ○○ 단계이고, 다음은 □□까지 진행하겠습니다"라고 말하라.

업무 센스: 상사의 큰 그림을 존중하며, 세부 조율과 후속 업무는 스스로 챙겨라.

CHAPTER
2

안전·통제 중심형
상사

업무 진행 과정을
수시로 공유하세요

상사   "지난번엔 그렇게 안 했잖아."

"괜히 바꾸지 말고, 하던 대로 하지?"

상사들이 어쩜 이렇게도 다른지, 부서 이동이나 이직 혹은 상사의 이동으로 직장인은 정말 여러 유형의 상사를 만난다. 그 중에는 조직 목표 달성을 누구보다 강조하면서도 정작 새로운 시도에는 소극적인 상사도 있다. 목표는 왜 상향하는지 도대체 이해가 안 된다. 안정적으로 일하면서 성과를 바라는 모순적인 모습으로 보이기도 한다. 그러나 자세히 들여다보면 '안전을 추구'하려는 기본적인 욕구에 충실한 사람이다. 과거에 큰 실패를 경험했거나, '일이 잘못되면 내 책임'이라는 압박감을 느껴 더욱 신중해진 경우가 많다.

따라서 이런 상사에게 보고할 때는 반드시 전례를 근거로 삼아야 한다. 이전에 어떻게 했었고, 그 결과가 어땠는지가 아주 중요하다. 분식이든 한정식이든 빠지지 않는 기본 반찬인 김치처럼, 다른 곁들이는 메뉴가 얼마나 많은지보다 '김치 한 접시'같은 기본 장치가 있어야 안심하기 때문이다.

예를 들어, 회의 방식을 바꾸고 싶다면, 전례를 먼저 보여주고 그 위에 새로운 방식을 덧붙이는 식으로 접근해야 거부감을 줄일 수 있다.

"회의 방식을 변경하는 게 좋아 보여서 협의체 회의로 바꿔보려고 합니다."(×)

"작년에 했던 방식을 확인했는데, 예산이나 프로세스가 적당해서 올해도 유사하게 준비하면 되겠습니다. 너무 똑같이 하기보다 조금 변형해 보는 것도 좋을 듯해서, 협의체 회의 1회만 추가하는 계획으로 작성했습니다."(○)

이런 유형의 상사는 '다음 일을 예측'할 수 있게 알리고, 위험 요인이 거의 없음을 보여주는 것이 중요하다. 실무자가 아무리 능력 있고, 일 처리에 자신감이 있더라도 상사가 안심할 수 있어야 일이 진행된다.

"이 정도 위험 부담은 있어야 목표 달성이 가능하다고 생각합니다." (×)

"위험 요소는 미리 체크했습니다. 예산이나 법적 분쟁 문제는 없고, 변수는 일정인데 2주 정도의 여유가 있으니 지연이 발생해도 충분히 대응할 수 있습니다." (O)

다른 사례도 있다. 기관 행사 홍보 방식을 새롭게 바꾸고 싶었지만, 상사는 "괜히 바꾸지 말고 기존처럼 하라"는 반응이었다. 그래서 "채널은 지난번처럼 안정적으로 유지하고, 이번에는 광고를 추가하는데 단가를 낮춰서 총비용을 줄이겠습니다. 같은 방식이지만 효과는 오히려 좋아질 겁니다"라고 보고했다. 익숙한 방법을 적용했지만 개선 효과를 강조하자, 상사는 안도하며 승인했다.

결국 안전 지향형 상사에게는 "지난번처럼", "위험 요인

      PART 3 상사도 훔쳐보는 '상사 유형별' 보고 센스

을 예측했다", "검증된 방식"이라는 표현이 설득의 핵심이다. 불안을 덜어주는 보고를 하면 상사는 오히려 실무자를 "역량 있는 직원"으로 인식한다. 반대로 변수를 강조하거나 불확실성을 드러내면 보고는 길어지고 상사의 불안은 커진다.

물론 회사에서는 도전적인 시도가 필요할 때도 있다. 그러나 안전 지향형 상사와 일할 때는 도전을 전면에 내세우기보다, 안정된 틀 안에서 작은 변화를 시도하는 것이 현명하다. 무턱대고 '혁신'을 밀어붙이는 대신, 상대가 받아들일 수 있는 안전지대를 찾아내고 그 안에서 개선점을 만들어 내는 능력은 어떤 조직에서도 통하는 힘이다.

결론적으로, 안전 지향형 상사를 설득하는 최고의 무기는 '전례 확인'과 '위험 최소화'다. 이 두 가지를 충족시키는 연습을 해보자.

✳ 관찰, 준비, 표현, 업무 센스 ✳

관찰 센스: 이전과 무엇이 다른지, 어떻게 달라져야 하는지 파악하라.

준비 센스: 과거 전례와 검증된 방식을 근거로 정리하라.

표현 센스: "작년과 같은 방식으로 진행하되, △△만 보완했습니다"라고 말하라.

업무 센스: 위험이 없거나 최소화되었다는 메시지를 반복해 안심시켜라.

흠 잡히기 전에
여지를 남겨두세요

상사 "이 자료에는 단위가 왜 '건'이예요? 지난 자료에는 '회'로 했었잖아요."

상무님 보고를 앞두고 자료를 준비하는 단계부터 긴장감이 느껴진다. 아무리 열심히 들여다봐도 실무자 눈에는 보이지 않는데, 어째서 상사 눈에는 이렇게 잘 띄는지. 수정하면 그만인데, '회'와 '건'을 두고 논쟁이 이어졌다. '이 정도는 넘어가 주세요 제발' 속으로 바라보지만, 상사에게는 이 작은 오류가 완성도를 해치는 큰 문제였다.

회의 자리에서도 비슷한 일이 있었다. 발표를 준비한 실무자가 슬라이드를 띄우자, 상사가 손을 들고 흐름을 끊었다.

상사   "폰트 크기가 들쭉날쭉하네요. 이런 건 미리 맞춰야지. 간단한 것에도 실수가 있으면 더 큰 일은 어떻게 해요?"

발표 내용의 핵심보다는 슬라이드 디자인에 시선이 집중되어 버렸다. 발표자는 진땀을 흘리며 즉석에서 수정했지만, 이미 중요한 메시지는 묻혀버렸다.

이렇듯 완벽주의 성향의 상사는 작은 디테일 하나도 그냥 지나치지 않는다. 왜 그럴까? 겉으로는 꼼꼼함으로 보이지만, 그 밑바탕에는 불안과 통제 욕구가 자리하고 있다. 실수가 발견되는 순간 본인의 실력, 책임감을 포함한 신뢰도가 떨어진다고 여기는 듯하다. '내 이름으로 나가는 결과물이 흠잡히면 곧 나의 책임이다.', '완벽하지 않으면 인정받지 못한다.' 이런 심리가 작동하기 때문에 사소한 부분에도 집착하게 된다. 이런 특성을 이해해야 비로소 대응의 방향도 잡을 수 있다.

이런 유형의 상사에게 실무자는 어떻게 대응해야 할까? 완벽주의형 상사는 '안전장치'가 갖춰졌을 때 안심하므로, 보고 단계마다 작은 장치들을 마련하는 것이 효과적이다.

첫째, 초안이라도 기본 완성도를 확보해야 한다. '대충 그려본 수준'의 자료를 들고 가면 곧바로 신뢰를 잃는다. 표 하나를 만들더라도 단위·서식·맞춤법까지 최대한 깔끔하게 정리해 두는 게 안전하다.

둘째, 검토 포인트를 미리 짚어주어야 한다. 완벽주의형 상사는 "뭐가 아직 미완성인지"를 모를 때 더 불안해한다.

"이 부분은 자료를 추가 수집 중입니다. 다음 버전에서는 보완하겠습니다."

이렇게 미리 말하면 상사는 허점을 발견하는 대신 안심할 수 있다.

셋째, 중간 점검 시기를 분명히 해야 한다. 이렇게 선을 그어두면, 상사가 필요 이상으로 간섭하는 것을 막을 수 있다.

"이번 단계까지는 제가 정리하고, 다음 주 중으로 다시 확인받겠습니다."

넷째, 수정 내역을 반영하며 보고해야 한다.

"지난번 말씀해 주신 부분을 이렇게 보완했습니다."

이런 말 한마디가 상사에게는 '내가 관리한 보람이 있다'는 안정감을 주고, 실무자에게는 '불필요한 반복 지적'을 피하는 효과를 낸다. 핵심은 상사가 원하는 '완벽'의 기준을 미리 짚어주고, 그 과정에 참여하고 있다는 신호를 주는 것이다.

실무자가 이렇게 대응하지 못했을 때의 실패 사례도 흔하다. 자료를 대충 가져갔다가 "담당자로서 일에 대한 성의를 보이라"라는 핀잔을 듣고, 결국 밤새워 다시 작성하는 경우도 보았다. 반대로 기본 완성도를 갖추려고 노력한 보고서를 준비하되, 수정 여지를 남겨둔 덕분에 "이번엔 준비를 잘했네"라는 말을 듣는 것도 보았다. 이렇듯 같은 업무여도 실무자의 센스 하나로 결과는 크게 달라진다.

완벽을 추구하는 마음이 지나치면, 결과물뿐 아니라 과정 하나하나까지도 손을 놓지 못하게 된다. 그래서 완벽주의는 종종 '과잉 관리'로 이어진다. 처음에는 결과물에만 집착하던 상사가, 점점 과정까지 간섭하기 시작한다. "보고서 첫

장부터 같이 보죠.", "이 문장은 다른 표현으로 바꿔야 하지 않겠어요?", "계획? 아니면 예정? 용어 의미를 정확히 해야죠." 결과물이 아니라 진행 과정 전체를 통제하려는 것이다. 과잉 관리가 지속되면 실무자에게 큰 피로를 준다. 업무 속도가 늦어지고, 스스로 판단할 여지가 줄어들기 때문이다. 이때는 미리 세부 계획을 공유하고, 확인 시점을 명확히 제시하는 것이 좋다.

"지금은 초안 단계라 전체 흐름만 보고드립니다. 세부 수치는 ○○일까지 맞추고, 그때 다시 확인받겠습니다."
"사전적 의미는 큰 차이가 없는데, 문맥상 어떤 단어가 적절할지 고민됩니다."

이렇게 '관리 포인트'를 지정해 주는 주도권이 필요하다. 희망적인 것은, 상사의 과잉 관리는 비슷한 패턴이 있다는 점이다. 몇 번의 과잉 피드백을 지나고 나면, 상사가 신경 쓰는 문구, 자주 사용하는 표현, 자료 준비 방법 등 흐름을 읽을 수 있다. 이 과정에서 잘 관찰하고 다음 보고에 적용하면 그 보고부터는 훨씬 쉬워진다.

완벽주의형 상사와 일한다는 건 언제나 긴장되는 일이다. 하지만 잊지 말아야 할 점은, 그들의 집착은 '나를 괴롭히려는 것'이 아니라 '흠 잡히는 걸 피하려는 불안'과 '인정받고 싶은 욕구'에서 나온다는 사실이다.

그 불안을 실무자의 센스로 잠재울 수 있다면, 완벽주의형 상사와 일하는 것은 더 이상 두려움의 대상이 아니다. 오히려 검증받고 성장할 수 있는 훈련장이 된다. 따라서 중요한 것은 상사의 눈높이를 따라가며 검토 포인트를 스스로 선제적으로 준비하고, 중간 확인을 통해 불안을 줄여주는 것이다. 이렇게 하면 잦은 수정 요청이 줄어들 뿐 아니라, 상사는 당신을 '실수를 줄이는 사람'을 넘어 '완성도를 높여주는 파트너'로 인식하게 된다.

완벽주의형 상사 곁에서 배운 꼼꼼함과 철저함은 결국 당신의 역량으로 남는다. 불필요한 압박으로만 보이던 상황이, 센스를 발휘하면 성장의 기회이자 커리어의 자산으로 바뀔 수 있다.

완벽주의형 상사 앞에서는, 검토 포인트와 중간 확인을 배우고 써먹는 센스가 답이다.

관찰 센스: 상사가 자주 지적했던 패턴을 파악하라(숫자, 단위, 서식, 맞춤법 등).

준비 센스: 초안이라도 기본 완성도를 갖추되, 보고 전 스스로 '지적받을 부분'을 먼저 표시하라.

표현 센스: "이 부분은 보완했습니다 / ○일까지 반영하겠습니다" 같은 확정적 표현으로 상사의 불안을 잠재워라.

업무 센스: 상사의 지적에 방어하기보다, 수정 속도를 높여 신뢰를 쌓아라.

관계·소통 중심형
상사

주변 사람들의 반응을 알려주세요

상사 "신규 직원들 반응은 어때?"

"보고드렸더니 실장님은 뭐라고 하셔?"

행사나 회의, 교육을 열거나 실무자가 직접 상부 보고를 할 때면 꼭 이렇게 질문하는 상사가 있다. 처음에는 모든 상황을 왜 이렇게 시시콜콜하게 알고 싶어하는지 의문이 들었다. 왜 이리 고위직 상사의 눈치를 보는지 측은하기도 했다. 하지만 조금 더 가까이에서 지켜보니 달랐다. 이 부서장은 상사뿐 아니라 부하 직원들의 상황까지 유난히 세심하게 살폈다. 부서 회의에서도 새로 맡은 업무로 힘들지 않은지, 업무 경계가 명확하지 않은 일을 담당하는 두 직원의 소통에는 어려움이 없는지를 꼼꼼하게 확인하고, 필요할 때는 직접 지시와 격려를 아끼지 않았다.

20년 넘는 회사 생활로 이런 유형의 상사를 여럿 겪어보니, 이들은 단순히 눈치를 살피고 사람들의 반응에 전전긍긍하는 사람이 아니었다. 오히려 함께 일하는 주변 사람들을 만족스럽게 만들고 싶은 욕구와 의지가 강한 사람이었다. 신규 직원 교육을 예로 들자면, 3시간 교육에 참여한 신규 직원들이 만족감을 느끼고, 이를 통해 교육을 준비한 직원들은 보람을 느끼길 바랐다. 또 그 만족감이 향후 협업에도 도움이 되기를 기대했다. 상부 보고를 했을 때 실장님이 흡족해하며 고생한 직원들을 칭찬해 주기를 바라는 마음도 컸다. 이런 이유에서 상황을 꼬치꼬치 질문했던 것이다. 결국 이들의 질문은 사람들이 만족했는가, 관계가 좋아졌는가를 확인하기 위한 것이었다.

상사　　"일은 사람이 하는데, 감정이 상하면 쉽게 될 일도 안 돼. 꼭 사람부터 살펴."

관계를 중시하는 상사가 반복해서 강조하던 말이다. 그래서 이 유형의 상사에게 보고할 때는 반드시 주변 사람들의 반응, 누구와 의논했고 누구의 도움을 받았는지 '사람'을 꼭 언급해야 한다. 특히 도움을 주거나 수고한 사람의 공로를 인정하는 말까지 덧붙이면 탁월한 효과가 있다. 상사는 직접 그 사람을 칭찬할 기회를 얻고, 유대감을 강화할 수 있다. 사실 이들의 심리적 바탕에는 직원들과 돈독한 관계를 유지하고, 존경받는 상사로 인정받고 싶은 욕구가 자리 잡고 있다.

"실장님, 이번 프로젝트는 유사 업체 정리가 관건이었는데 강 팀장이 자료 정리를 해준 덕분에 빨리 시작할 수 있었습니다. 수고했다고 한마디 해주시면 남은 기간에도 열심히 협조할 겁니다."

관계 중심형 상사는 실적이나 달성도 같은 수치보다, 사람들 사이의 분위기와 상호작용에 더 민감하다. 예컨대 워크숍 계획을 보고할 때 문제 해결형 상사에게는 시설·비용·리스크를 강조해야 한다. 그러나 관계 중심형 상사에게는 직원 만족도와 긍정적인 반응을 중심으로 말하는 것이 훨씬 효과적이다.

　혹시 이런 유형의 상사가 문제 해결의 열쇠가 되었다면, 상사의 결정이 주변 사람들에게 어떤 영향을 미쳤는지를 보고하는 것이 좋다. 이런 보고를 받으면 상사는 당신을 탁월한 직원으로 인정할 것이다.

　"실장님, 이번 워크숍에 추천하신 강사님을 모신 덕에 직원들이 업무에 도움 되었다고 만족감이 큽니다. 직원 식당에서 만난 직원들도 같은 얘기를 했고, 강사 만족도 점수도 9.8점으로 매우 높습니다."

　상사는 이런 피드백을 통해 '내 결정이 사람들에게 긍정적인 영향을 주었다'라는 자부심을 느낀다.

　행사 개요를 간단히 보고하는 상황에서도 유형에 따라 보고의 초점은 달라져야 한다. 문제 해결형 상사에게는 '문제가 발생할 여지가 없다'는 안정성을 강조하고, 관계 중심형 상사에게는 '직원들이 만족했다'는 긍정적인 반응을 중심으로 보고해야 한다.

- **문제 해결형 상사 보고 예시**

"직원 워크숍은 11월 20일 목요일, 하지연수원으로 예약했습니다. 1인당 식사 비용이 적당하고 빔, 노트북, 화이트보드 등 **기본적인 물품이 다 갖춰진 곳**입니다. 인원 100명이 넉넉히 들어갈 연회장이 있어 **일정 진행에 무리가 없습니다.**"

- **관계 중심형 상사 보고 예시**

"직원 워크숍은 11월 20일 목요일, 하지연수원으로 확정했습니다. **교통이 편리하고 뷔페식이라 직원들이 만족할 만한 요소가 많습니다.** 지난해 워크숍에서 **호응이 좋았던 레크리에이션 강사도 다시 섭외**하겠습니다."

보고의 핵심은 실무자가 중요하게 여긴 내용이 아니라, 상사가 가치 있게 여기는 포인트다. 아무리 준비를 잘해도 상사가 중시하는 '사람들의 반응'이 빠지면 좋은 보고가 될 수 없다.

상사　　"이 정도 준비했으면 잘했는데 왜 반응이 시원치 않지?"

상사가 이렇게 실망할 수도 있다. 결국 보고는 '보고자 관점'이 아니라 '듣는 사람 관점'에서 이뤄져야 한다. 그동안 함께 일했던 상사들을 떠올려 보자. 어떤 말에 상사가 칭찬했는지, 어떤 보고가 긍정적 반응을 끌어냈는지. 그 작은 차이에서 관계 중심형 상사에게 통하는 보고의 힌트를 발견할 수 있다.

혹시 당신의 상사가 관계 중심형 상사라면, 주변 사람들의 분위기와 만족도, 즉 사람들의 감정과 상호작용이 드러나도록 보고하라. 그것이 이 상사와 일할 때 발휘할 수 있는 가장 좋은 센스다. 관계 중심형 상사에게는, 숫자보다 사람들의 반응이 최고의 보고다.

✱ 관찰, 준비, 표현, 업무 센스 ✱

관찰 센스: 상사가 가장 관심을 두는 포인트(직원 반응, 협력 분위기)를 살펴라.

준비 센스: 성과 자료와 함께 직원 피드백, 만족도를 수집해 두어라.

표현 센스: "이번 일은 A 주임 덕분에 잘 진행됐고, 직원들이 만족했습니다"라고 말하라

업무 센스: 성과 보고 안에 반드시 '사람 이야기'를 포함시켜라.

'5분이면 됩니다'로 시작하세요

실장님은 오늘도 하루 종일 회의로 바쁘다. 방에 들어올 틈이 없어, 겨우 다음 회의 장소 앞에서 기다렸다가 붙잡았다.

"실장님, 5분이면 됩니다. 메시지 드렸던 마케팅 업체 선정 건 때문인데 간단합니다. 자료도 가져왔습니다."

실장님은 메신저로 답하려다 전화를 받느라 깜빡했다며 미안해했다. 순간 '괜찮습니다, 결재만 해주세요'라는 말을 속으로 삼키고, 웃으며 자료를 건넸다. 자리 비움형 상사와 일하는 순간은 이렇게 우연히 찾아온다.

기관장 지시로 다른 부서 민 실장의 프로젝트 운영 경험을 참고해 계획을 세워야 했을 때도 그랬다. 민 실장에게 메신저를 보냈지만 답이 없었고, 전화를 해도 받지 않았다. 결국 직원 식당·화장실까지 자료를 들고 다니다가, 마주치는 순간을 노려 "5분만 주십시오"라고 보고할 수밖에 없었다. 짧게 시작해야 보고 자체가 성립된다. 실제로는 10분 넘게 걸릴 수도 있지만, "5분이면 된다"는 말이 보고의 문을 열어준다.

실무자라면 익숙할 또 다른 경우도 있다. 예산 사용은 내부 위원회의 의결을 거쳐야 했다. 위원회는 자주 열리지만, 회의에서는 안건을 간단히 설명하고 찬반 의견을 모아 최종 결정을 내리는 절차로 진행된다. 간혹 안건의 배경이나 참고할 사전 정보를 설명해야 할 때는, 위원들을 직접 찾아가 사전 보고를 하곤 한다. 대부분은 전화만 연결되면 "지금 바로 오라"는 식으로 금방 만날 수 있었다.

문제는 정 실장이었다. 평소 통화도 어렵고, 메시지에도 답이 없다. 이번에도 3일 동안 연락을 시도했지만 연결되지 않았다. 내일 위원회를 열려면 오늘 반드시 만나야 했다. 결국 자료를 들고 다니기로 했다. 화장실에 갈 때도, 직원 식당에 점심을 먹으러 갈 때도, 언제 어디서 마주칠지 모르니 늘 보고 자료를 챙겼다.

"실장님, 5분만요. 내일 위원회 안건 자료라 오늘은 꼭 보고드려야 합니다."

자리를 자주 비우는 상사는 중요한 자리에 불려 다니기 때문에, 어쩌면 그만큼 능력이 있고 영향력이 있는 사람이라고 볼 수 있다. 만나기 어렵지만, 정말 중요한 순간에 결정적인 도움을 줄 수 있는 상사이기도 하다.

문제는 '결정 단계'를 함께하기가 쉽지 않다는 점이다. 이메일·메신저·전화로는 한계가 있다. 간단해 보여도 민감한 내용이 있고, 꼭 대면해서 중요성을 다시 확인시키거나 확답을 받아야 하는 일이 있기 때문이다. 그래서 자리 비움형 상사를 상대할 때는 언제든 보고할 수 있도록 준비해야 한다. "언제 만날지 모르니, 언제든 보고할 수 있게 준비한다"는 마음가짐을 항상 가지고 있어야 한다.

만나기 어렵다고 상사가 내용을 모르는 상태에서 결재만

   PART 3 상사도 훔쳐보는 '상사 유형별' 보고 센스

받으려고 하면 오히려 일이 끝날 때까지 더 많은 시간과 노력이 든다. 간혹 "내용 설명도 없이 결재만 하라고? 상사가 도장만 찍는 사람이냐?"라며 불쾌해하는 상사도 있으니, 중간 보고는 필수다.

비교적 규모가 있는 회사라면 상사가 대외 활동 때문에 자리를 자주 비우기도 한다. TV·인터넷 방송 출연, 각종 인터뷰나 전문가 자문처럼 분야의 전문성을 인정받는 상사일수록 더욱 만나기가 어렵다. 이런 상사는 중간 관리자에게 일을 일임하고, 실무자에게는 알아서 처리하라는 신호를 보낸다. 실무 숙달형 상사처럼 세부까지 챙기지도 않고, 대답 회피형 상사처럼 시간을 끌지도 않는다. 그렇다고 결재권자의 역할까지 비울 수는 없다. 중요한 사안이라면 상사가 묻지 않더라도 간략히 중간 보고해야 한다. 다만 보고가 너무 잦으면 오히려 우선순위를 흐리게 만든다. 그래서 상사가 꼭 알아야 할 '참석해야 하는 행사'와 '결재가 필요한 안건' 정도로 압축해서 알려주는 것이 바람직하다.

보고 타이밍을 공략하는 센스도 필요하다. 회의 전, 점심 직전, 퇴근 직전처럼 짧은 틈을 활용하는 것이다. 물론 시간 약속을 잡는 것이 가장 이상적이지만, 이 상사와는 약속 잡기가 쉽지 않다. 몇 차례 시도에도 답이 없다면, 직접 찾아가서라도 마주쳐야 한다. 막상 만나면 상사는 "약속도 없이 왔느냐"라며 다그치기보다, 답장을 못 한 것을 깨닫고 오히려 미안해하며 일을 매듭지어 줄 가능성이 크다.

또 하나의 방법은 비대면 보고다. 간단한 정보성 보고라면 상사가 이동 중에도 확인할 수 있게 준비한다. 예를 들어, 이메일로 자료를 보내거나 출력물을 방에 두고 "내일 회의 자료는 책상 위에 올려두었습니다"라는 메시지를 남기는 것이다.

이처럼 대면 보고와 비대면 보고를 병행하면 상사는 "보고를 잘하는 직원, 배려할 줄 아는 직원"으로 당신을 기억한다. 바쁜 일정 중에도 꼭 필요한 순간에 정확한 결정을 내릴 수 있도록 도와주는 직원은 상사 입장에서 무척 고맙다. 이런 경험이 쌓이면 결국 "이 직원에겐 일을 믿고 맡길 수 있다"라는 평가가 뒤따른다. 자리 비움형 상사와 일할 때, 바로 이 점이 실무자가 발휘해야 할 보고 센스다.

자리 비움형 상사에게는, 준비된 5분 보고가 최고의 기회라는 것을 기억하자.

✳ 관찰, 준비, 표현, 업무 센스 ✳

관찰 센스: 상사의 이동 패턴과 짧은 빈틈(회의 전·점심 전·퇴근 전)을 살펴라.

준비 센스: 언제 마주치더라도 보고할 수 있도록 자료를 늘 지참하라.

표현 센스: "5분이면 됩니다"라고 말하고, 결론부터 전달하라.

업무 센스: 대면 보고가 어려울 땐 비대면 수단(메신저·이메일·출력물)으로 보완하라.

상사가 친 사고를
최대한 빨리 파악하세요

직원　"아 실장님, 왜 또 오케이 하셨어요?

　　　　"제발 저희한테 미리 일정 좀 물어봐 주세요."

거절 못함형 상사와 함께 일하다 보면 이런 말이 절로 나온다. 이들은 부탁을 받으면 좀처럼 안 된다는 말을 하지 않는다. 그래서 내부 직원은 물론, 외부에서도 "최 실장에게 얘기하면 도와준다"라는 소문이 날 정도다.

문제는 그 결과다. '잠깐 가서 아는 이야기만 하면 된다',

'자료만 뿌려주면 된다'는 말로 시작된 일이 결국 부하 직원에게 큰 부담으로 돌아온다. 상사가 거절하지 못해 떠안은 일을 직원들이 대신 처리하다 보면, 팀의 본래 업무는 뒷전으로 밀리고 야근이 반복되는 악순환이 이어진다.

일전에 연구 성과 심포지엄 홍보를 도와달라는 요청이 있었다. 담당 부서 직원이 포스터를 한 뭉치 들고 와서는 "실장님이 이쪽 부서에 전달하라고 하셨습니다"라며 당당히 내려놓았다. 그러나 절차도, 공식 협조 요청도 없는 상황에서 곧바로 받아들일 수는 없었다.

"아직 전달받은 내용이 없어서 그냥 받을 수는 없고요. 무슨 일을 하는 중에 어떤 도움이 필요한지 간단히 메신저나 인트라넷 업무 협조로 남겨주시면, 실장님께 확인해 보겠습니다."

실무자 선에서 직접 거절하지 않고, 공식 절차와 경계를 언급하며 시간을 벌었다. 포스터를 회의 테이블 끝에 그대로 두고, "일단 여기 두시고 협조 기록 부탁드려요"라고 답했다. 직원이 나가자마자 실장님께 연락해 자초지종을 들었다. 알고 보니 해당 부서장과는 포스터 발송이 아니라 기관 주소록을 공유하는 수준으로 정리된 상황이었다.

알고 나니 더 답답했다. '쉬운 일처럼 말하고 허드렛일을 우리 부서에 넘기려는 건가? 우리 실장님이 그렇게 만만한가?' 하는 생각이 스쳤다. 이미 상황은 확인했고, 공식 협조 요청을 하라고 얘기했으니, 포스터는 그대로 둔 채 기다려 보기로 했다. 30분쯤 지났을까. 포스터를 당당하게 놓고 갔던 직원이 다시 찾아와 말했다.

"저희 실장님이 다시 가져오라고 하셔서 가지고 갈게요."

목소리는 힘이 빠져 있었다. 아마도 공식 문서로 남기려다 보니 단순히 '이관'처럼 넘기기는 적절하지 않다고 판단한 듯했다. 순간 '대충 넘기려 했다가 쉽지 않아 보이니 물러서는 건가?'라는 생각도 들었다.

이처럼 도무지 거절을 못 하는 상사의 일 처리 방식 때문에 곤혹스러운 순간은 자주 생긴다. 그러나 그 과정에서 배울 수 있는 교훈은 분명하다. 일의 경계를 지키고, 서로에게 도움이 되는 방식으로 협조하는 것이야말로 진짜 협업이고, 실무자가 잊지 말아야 할 원칙이다.

 ○○○   PART 3 상사도 훔쳐보는 '상사 유형별' 보고 센스

상사가 이미 수락한 경우라면, 실무자가 곧바로 떠맡지 말고 경계를 설정하는 질문을 던지는 것이 필요하다.

"실장님, 다음부터는 그 자리에서 구두로 수락하지 마시고 저희 팀을 포함해서 메신저로 다시 보내달라고 해주세요. 그러면 저희도 팀 내 일정이나 업무를 고려해서 답변 드릴게요."
"그쪽에서는 전체 자료를 요청하고 싶어 하는 것 같은데, 다 맡기보다 우리 부서 업무와 관련되는 파트만 정리해 준다고 하면 어떨까요?"
"동시에 진행하기에는 일정에 무리가 있습니다. 마감 기한을 3일만 연장하면 좋겠습니다."

상사를 곤란하게 하지 않으면서, 자연스럽게 선택과 결정을 상사가 할 수 있게 해야 한다. 더불어 '나는 무조건 다 떠맡지 않겠다'는 의지와 경계를 보여줄 수 있다. 서로에게 부담이 적은 선에서 방어가 필요하다. 실제로 한 직원은 "실장님이 또 일을 가져왔다"라는 하소연을 하다가 이렇게 대응했다.

직원   "우리 일정이랑 겹쳐서 행사를 미룰지 여쭤보니까, 잘못 수락한 것 같다고 그 부서에 다시 연락하신대요. 또 야근할 뻔했는데 살았어요.”

거절 못함형 상사와 함께 일하는 것은 분명 쉽지 않다. 당장은 상사가 거절하지 못해 떠안은 일이 실무자에게 떨어지니 억울하고 힘들 수 있다. 그러나 조금 다르게 보면, 이 상황은 실무자가 일의 경계를 분명히 하고 협상력을 키울 수 있는 기회다.

거절 못함형 상사는 관계를 깨뜨리는 것을 두려워하고, 타인에게 도움을 주는 것을 자신의 역할로 여긴다. 그래서 부탁을 받으면 쉽게 수락하지만, 그 이후 조율과 조정은 실무자의 몫이 된다. 여기서 중요한 것은 불평만 늘어놓는 대신, 보고와 질문을 통해 일을 다시 설계하는 능력을 기르는 것이다.

예를 들어, 상사가 수락한 부탁이 우리 부서 일정과 겹친다면 “이미 수락하셨는데, 행사 일정과 겹칩니다. 어떻게 하면 좋을까요?”라고 질문해 보라. 이 말은 상사를 난처하게 하지 않으면서도 선택권을 다시 상사에게 돌려준다. 또, 요청이 과도하다 싶으면 “우리 부서 관련 파트만 정리하면 어떨까요?”라고 범위를 축소할 수 있다. 이렇게 실무자가 일의 범위와 우선순위를 제시하면, 상사는 오히려 안도감을 느낀다.

실무자가 모든 부탁을 그대로 받아들이면, 결국 팀의 정체성이 흔들린다. '도와주는 팀'이라는 인식이 굳어지고, 정작 본업은 밀려 야근으로 이어질 수 있다. 반대로 실무자가 경계를 분명히 하면서도 상사를 존중하는 태도를 유지한다면, 팀은 본래 업무를 지키면서 협력 요청에도 유연하게 대응할 수 있다.

거절 못함형 상사와 함께 일할 때 실무자는 경계 설정, 협상, 조율이라는 중요한 역량을 훈련할 수 있다. 상사가 떠안아 온 일을 무조건 거절하거나, 반대로 전부 떠맡는 대신, 적절히 조율하는 과정에서 당신은 팀을 지키는 동시에 상사에게도 도움이 되는 사람으로 성장한다.

즉, 거절 못함형 상사와 함께하는 순간은 곧 실무자의 센스를 증명하는 시험대다. 경계를 지키고 협상안을 제시하는 한마디가 팀을 살리고, 상사를 돕고, 동시에 당신의 성장을 이끌어 낸다.

거절 못함형 상사에게는, 경계를 세우는 질문이 최고의 무기다.

관찰 센스: 상사가 무엇을 수락했는지 수시로 살피자.

준비 센스: 부서의 핵심 일정을 표시하고 주기적으로 알리라.

표현 센스: "이미 수락하셨는데, 일정과 겹칩니다. 어떻게 조율할까요?"
라고 말하라.

업무 센스: 무조건 수용하지 말고, 꼭 공유해 달라고 미리 이야기하라.

CHAPTER 4

회피·감정 중심형 상사

짜장이냐 짬뽕이냐
선택지를 제시하세요

분기마다 열리는 네트워크 회의. 큰 틀만 잡아 개요를 보고했더니 상사로부터 이런 대답이 돌아왔다. "아, 날짜는 이때가 제일 나을까요? 금요일은 휴가 가는 사람이 많을 텐데, 하긴 목요일도 바쁘긴 마찬가지겠죠?" 그 자리에서 '계획대로 준비하자'라고 결론이 났다. 하지만 막상 계획서를 결재 문서로 올리니 또 질문이 쏟아졌다.

"회의 날짜는 금요일이 좋은 거죠? 혹시 월요일로 하면 참석이 더 나을까요? 이미 연락 중이라 바꾸기 어려우면 금요일로 하시고요.”

지난주에 이미 정했던 사안을 또다시 묻는 상사를 보니 ‘도대체 어쩌라는 거지?’ 하는 난감함이 밀려왔다. 이런 상황이 처음도 아니었기에 ‘또 시작이구나’ 싶었고, 의욕은 한순간에 꺾였다.

이미 결정을 내린 뒤에도 다시 앞 단계로 돌아가거나, “조금 더 보자”, “다시 생각해 보자”라는 말로 미루면 실무자의 업무는 늦어질 수밖에 없다. 담당자가 일을 맡더라도 상사의 최종 확인이 필요하다. 그런데 사소한 결정조차 미뤄지면 한숨이 절로 나온다.

그렇다고 “빨리 결정해 주셔야 합니다”라며 서두르면 상사는 더 큰 부담을 느끼고 오히려 회피할 수 있다. 의사 결정을 내려야 하는 자리임에도 책임을 무겁게 받아들이거나, 잘못된 판단으로 손해를 볼까 두려워서, 혹은 갈등을 피하고 싶어서 결정을 미루는 경우가 많기 때문이다. 때로는 단순히 정보를 잘 몰라서 망설이기도 한다. 상사의 마음을 이해 못 하는 건 아니지만, 일을 진행하려면 결국 이 어려움을 넘어서야 한다. 실무자까지 덩달아 머뭇거리면 일은 늪에 빠져든다. 그래서 대답을 회피하며 결정을 미루는 상사에게는 여러 선택지 중 하나를 쉽게 고를 수 있도록 명확한 '보기'를 제시하는 것이 가장 효과적이다.

"금요일은 교수님들 강의 일정이 비어 있고, 지방 이동에도 편리합니다. 목요일은 늦은 오후 시간만 가능하고, 월요일은 기차표를 구하기 어려워서 부담스러워하십니다. 저는 금요일이 좋아 보이는데, 세 요일 중 어느 요일이 가장 적당할까요?"

회의나 행사 일정을 확정하는 일은 언제나 어렵다. 오죽하면 '일정만 정하면 절반은 끝났다'라는 말이 있을 정도다. 꼭 참석해야 하는 인사들의 시간을 맞추고, 장소 사용 가능 여부까지 고려해야 하니 긴장하며 실시간으로 조율해야 한다. 이 과정에서 상사가 "좀 고민해 보죠", "글쎄요 언제가 좋을까요?"라는 회피성 대답을 하면 업무는 금세 지체된다. 따라서 실무자가 먼저 선택하기 좋은 안을 만들어 놓아야 한다.

이때는 단순히 날짜만 나열하지 말고 판단 근거를 함께 제시하는 것이 핵심이다. 예를 들어, 회의실 예약 상황이나 참석 인원 같은 요소를 곁들이면 상사가 결정하기 훨씬 수월하다.

> **네트워크 회의 일정**
>
> - 1안 - 11. 14.(금) 14시~16시/ 회의실 사용 가능(가 예약)
> - 2안 - 11. 13.(목) 16시~18시/ 회의실 사용 가능(가 예약/다음날 MOU
>   로 자리 배열 변경 불가)
> - 3안 - 11. 16.(월) 16시~18시/ 회의실 사용 가능, 빔 프로젝터 사용
>   불가

또는 예상 참석 인원까지 비교해서 제시하는 방법도 있다.

> **네트워크 회의 일정**
>
> - 1안 - 11. 14.(금) 14시~16시/ 예상 참석자 13명
> - 2안 - 11. 13.(목) 16시~18시/ 예상 참석자 10명 내외
> - 3안 - 11. 16.(월) 16시~18시/ 예상 참석자 10명 이내

단순히 "언제가 좋을까요?"라고 묻는 대신, 선택지를 근거와 함께 제시하면 상사는 '그중에서 하나만 고르면 된다'라는 심리적 안도감을 느낀다. 즉, 실무자가 사전 검토 과정을 대신해 준 덕분에 상사는 '결정을 내려도 되겠다'는 확신을 얻게 된다. 이것이 바로 회피형 상사에게 선택지를 제공해야 하는 이유다.

결정을 계속 미루는 상사라면, 보고를 동료나 중간 관리자와 함께 가는 것도 방법이다. 여러 명이 순서대로 보고하고, 상사가 대답을 피하면 곁에 있던 동료가 한마디 거들어주는 것이다. 옆에서 던진 짧은 말이 상사의 결정을 촉진하는 경우가 많다. 특히 지지부진한 상황을 참지 못하는 중간 관리자가 함께 있으면 보고가 단번에 정리되기도 한다. 이는 물건을 살까 말까 망설이는 소비자가 판매자의 설명보다 옆 사람의 "그거 괜찮아 보여요"라는 말에 마음이 기우는 것과 비슷하다. 상사가 실무자의 의견을 무시하는 것이 아니라, 다른 사람의 동조를 통해 선택에 확신을 얻는 과정이다. 결국 실무자가 준비한 선택지가 외부의 한마디로 뒷받침되면, 상사는 훨씬 수월하게 결정을 내린다.

물론 마음속 불만은 남는다. 이까짓 결정을 왜 이렇게 미루나 싶은 짜증이 올라올 수 있다. 하지만 책임과 위험을 피하고 싶은 인간적인 본능이라 생각하면 조금은 이해가 된다. 다만 이해만 하고 있을 수는 없다. 상사의 회피 성향을 감싸주기만 한다면 업무는 영영 앞으로 나아가지 못한다. 때로는 부하 직원이 흐름을 강하게 이끌어 주는 역할을 해야 한다.

특히 이런 유형의 상사에게는 문을 나서기 전 마지막 한마디가 결정적이다. 머릿속에서 계속 갈등을 반복하는 상사

특성상, 그 자리에서 결론을 다시 못 박아 주지 않으면 일이 미궁으로 빠지기 쉽다.

"실장님, 장소는 3층 회의실로 확정하겠습니다. 다른 장소는 자리 배열 변경이 어려우니까 3층 회의실이 이동도 편하고 가장 좋아요. 계획서는 바로 상신할게요."

이 한마디가 상사의 망설임을 끊어내고, 보고를 결론으로 이어주는 마지막 연결고리가 된다.

혹시 마지막 확인을 빠뜨렸다면 메신저를 적극적으로 활용하자. 자리를 자주 비우는 상사라면 업무 전용 메신저보다 휴대폰으로 바로 확인할 수 있는 카카오톡이나 문자가 더 효과적일 때가 많다. "회의실 예약 확정했습니다", "계획서는 상신 완료했습니다" 같은 짧은 메시지만으로도 상사는 '이미 일이 굴러가고 있구나' 하고 안심한다. 왜냐하면 이런 상사들은 결재 후에도 "이게 맞나? 다시 바꿀까요?"라며 흔들릴 수 있기 때문이다. 따라서 마지막 순간까지 방심하지 말고, 중간중간 진행 상황을 알려야 한다. 작은 보고 하나라도 반복적으로 공유되면, 상사는 '이제는 되돌릴 수 없다'는 인식을 갖게 되고 불필요한 혼란은 줄어든다.

결국, 회피하는 상사에게 중요한 것은 빠른 결정이 아니라 안심할 수 있는 결정이다. 실무자는 결정을 재촉하기보다 판단 근거를 제시하고, 마지막 순간까지 확신을 덧입히는 역할을 해야 한다. "확정되었습니다"라는 말 한 줄이 상사의 불안을 덜고, 일을 앞으로 밀어가는 동력이 된다.

이 과정이 쌓이면 상사는 점차 실무자의 판단을 신뢰하게 되고, 의사 결정 속도도 조금씩 빨라진다. 즉, 회의 일정을 정하는 단순한 보고가 아니라, 상사가 결정을 내릴 수 있도록 돕는 보고 기술이 쌓이는 것이다. 실무자는 상사의 망설임을 탓하기보다, 어떻게 하면 확신을 심어줄 수 있을지 고민해야 한다.

그것이야말로 회피하는 상사와 함께 일할 때 발휘해야 할 현실적인 해법이며, 동시에 당신의 보고 실력을 한 단계 끌어올리는 훈련장이다.

대답 회피형 상사에게는, 선택지를 좁히고 확신을 심어주는 보고가 답이다.

   PART 3 상사도 훔쳐보는 '상사 유형별' 보고 센스

✳ 관찰, 준비, 표현, 업무 센스 ✳

관찰 센스: 상사가 결정을 미루는 상황이 어떤 순간인지 살펴라.

준비 센스: 선택지 두세 개와 판단 근거(참석자 수, 장소 조건, 비용)를 미리
정리해라.

표현 센스: "세 가지 중 ○○이 가장 유리합니다. 어느 안으로 확정할까
요?"라고 말하라.

업무 센스: 마지막에 반드시 확정 멘트를 남기고, 필요하면 메신저로 재
확인하라.

상사의 개입이 필요한 일을
정확히 짚어주세요

상반기 실적 점검 회의 자리. 타 부서 실적이 부진하다는 말이 오가던 중, 우리 팀에서 협조가 부족했다는 뉘앙스의 발언이 나왔다. 사전 협업 요청도 없었고, 우리 팀 역시 큰 행사를 치르느라 바쁜 시기였는데, 느닷없이 우리 팀이 도와야 했다니 당황스러웠다. 부서장님이 계시니 뭐라도 말씀하시겠지 싶어 쳐다봤지만, 자료를 넘기며 커피만 홀짝이고 있었다. 그 순간 할 말을 잃었다. 하반기에도 우리 팀은 일이 산더미인데, 이제 타 부서 목표까지 책임져야 하는 건가 싶었다.

"네, 그래요. 일정 알고 있을게요."

"아, 그날 일이 있어서 연가 내야겠는데 나 없어도 괜찮죠?"

"지난번에 디자인 시안 1안 아니었나? 실장님이 2안이었다고 하시는데 확인해서 보고드려요."

보고 자리에서도 비슷했다. 피드백은 늘 모호했고, 중요한 자리에서도 개입을 피했다. 상사의 상사와 의견을 맞추기 위해 중간에서 메신저 역할을 해야 하는 일이 반복됐다. 부서장이 빠져 있으니, 공백을 채우느라 부서원들은 두 배로 뛰어야 했다. 멀찍이서 형식적인 칭찬이나 격려만 하고, 중요한 순간 실무자를 보호하지 않는 상사, 직속 상사와의 대면은 피하면서 개인 일정은 꼬박 챙기는 상사, 이쯤 되면 '나 몰라라 형'이라는 말이 딱 맞다.

이런 상사의 태도는 단순한 무관심인 경우도 있지만, 대부분 '책임을 회피하려는 심리'에서 비롯된다. 불필요한 갈등에 휘말리거나, 잘못된 결정으로 비난을 받게 될까 두려워서 한발 물러서는 것이다. 또한 실무자에게 권한을 위임하는 것처럼 보이지만 사실은 책임을 미루는 방식으로 자신을 보호하려는 목적의 행동이다. 그런데 실무자마저 비슷한 특성을 보이면 함께 일하는 다른 사람들이 매우 곤란해진다.

그렇다고 상사가 빠져도 되는 자리는 존재하지 않는다. 특히 협의와 결정이 필요한 자리라면 부서장이 있어야 한다. 한 번은 기관장님이 직접 "부서장이 꼭 참석하게 하라"는 지시를 내린 적도 있었다. 이럴 땐 실무자가 적극적으로 상사의 개입을 요청하고, 빠져나갈 수 없도록 고정시켜야 한다.

"실장님, 다음 협의체 회의는 의결 안건이 있어서 꼭 참석해 주셔야 합니다. 실장님 참석 가능하신 날짜 중에 정하겠습니다."
"실장님, 홍보 책자는 제작비 예산이 커서 기관장님 결재가 필요하니까 직접 보고해 주시면 좋겠습니다. 필요하시면 참고 자료를 준비해서 제가 배석하겠습니다."

상사와 신뢰 관계가 있다면, 캘린더에 일정 표시를 해도 될지 여쭤보고 해당 날짜 칸에 메모까지 하고 나오는 것도 방법이다. 다만 이 유형은 호의조차 부담스러워하기 때문에 자연스럽게 유도하는 것이 중요하다. 그렇다고 물러설 필요는 없다. 방에 있는 화이트보드에 일정을 적으며 너스레를 떨면 말리지 못할 것이다.

"실장님께서 꼭 오셔야 하는 일정이니까 자주 보시면 기억하기 편하실 거예요."

탁상용 캘린더에 메모하기 어렵다면 작은 포스트잇을 붙이고 "실장님, 이날 꼭 참석 부탁드립니다." 정도로 짧게 말해 보자.

또, 상사와 친분이 있는 다른 상사나 동료의 힘을 빌리는 방법도 있다. '다음 주 수요일에 회의 있다면서요?'라는 가벼운 언급만으로도 상사는 일정을 다시 각인한다.

결국 나 몰라라형 상사와 일할 때 중요한 건 '상사가 개입해야 하는 순간을 정확히 짚어내는 것'이다. 실무자가 대신 처리해 버리면 편할 수 있지만, 현실적으로 대신할 수 있는 일은 많지 않다. 게다가 상사만이 할 수 있는 영역까지 떠맡으면 결국 팀 전체가 흔들린다. 상사의 역할을 명확히 알려주고, 도망가지 못하게 해야 한다.

나 몰라라형 상사에게는, 상사가 꼭 해야 할 일을 못 박아 두는 것이 답이다.

관찰 센스: 상사의 확정된 일정을 확인하고, 어떤 일에서 피하려고 했었
는지 되짚어 보라.

준비 센스: 상사가 빠질 수 없는 업무와 책임을 명확히 구분해 정리해라.

표현 센스: "실장님, 이건 꼭 직접 해주셔야 합니다. 자료는 제가 준비하
겠습니다"라고 말하라.

업무 센스: 메신저 알림, 협업 연결고리를 활용해 상사를 참여시키라.

"~하게 해보겠습니다"라고 방향성을 알리세요

상사
> "글쎄. 요즘 이런 거 누가 보나요?"
>
> "좀 올드한 느낌이 들긴 하는데, 알아서 잘 판단해 보세요."
>
> "그런 생각이 들죠? 나만 그렇게 생각하는 게 아니라니까."

이런 말들이 이어지면 보고 중에도, 보고가 끝나도 머릿속은 여전히 물음표투성이다. 함께 있었던 동료들과 아무리 머리를 맞대도 '결정적인 지시'는 남지 않는다. 뭘 어떻게 하라는 건지, 도대체 무슨 뜻인지 알 수 없다. 물어보기는 조심스럽고, 설령 물어봐도 원하는 답이 돌아오지 않을 것 같다.

차라리 "인쇄물 대신 PDF 파일로 배포해 예산을 줄이자", "산뜻하게 푸른색 위주로 디자인을 바꿔라", "내 생각은 이러니 수정하라"는 식으로 명확하게 알려주면 더 바랄 게 없을 것이다. 하지만, 이 유형의 상사는 늘 애매모호한 말을 남긴다. 이 유형의 상사 마음에는 '직접적인 책임을 피하고 싶다'는 생각이 숨어 있는 게 분명하다. 직접 말로 지시하지 않았다는 방패막이를 미리 만들어 두는 것이다.

그러다 보니 실무자는 보고 자리에서 마치 퀴즈 대결에 참여한 듯한 긴장감을 느낀다. '이 말인가? 두 번 언급했으니 꼭 하라는 건가?' 정답을 맞히려고 상사의 말 하나하나에 집중하다 보면 보고가 끝난 후에는 기진맥진해진다. 명확한 결론 없이 애매하게 흘러가는 대화가 실무자에게는 '추측하는 노동'을 강요하는 셈이다. 비본질적인 것에 에너지를 써야 하는 과잉 노력을 요한다.

이런 유형은 20년 이상 일을 하면서도 가장 적응하기 어려운 상사 유형이기도 하다. 일이 예측 가능해야 안심하는 실무자라면, 상사의 생각을 맞춰야 하는 상황에서 더 큰 어려움을 느낀다. 이런 유형의 상사는 설사 일이 기대만큼 성과를 내지 못했어도 실무자에게 직접 큰소리로 야단을 치거나 앞에서 망신을 주지는 않는다. 그렇지만 애매한 말 속에 숨은 의도를 파악하지 못하면 실무자 스스로가 자책하게 만든다. '그러든지 말든지'라는 태도로 일하는 직원이라면 대충 넘기겠지만, 이 책을 읽고 있는 당신은 일을 제대로 해내고 싶고, 이왕이면 인정받고 싶고, 상사와 신뢰 관계를 쌓고 싶은 직장인일 테니 그냥 넘길 수 없다.

이런 유형의 상사와 일할 때는 '질문'이 핵심이다. 질문하고 또 질문해야 한다. 단계마다 일일이 허락을 구할 필요는 없지만, 상사가 남긴 애매한 말을 최대한 구체화할 수 있도록 폭을 좁혀가는 질문이 필요하다.

"지류 인쇄보다 PDF 파일 배포 비중을 늘려보라는 말씀인가요?"
"올드하지 않고 산뜻하게 푸른색 위주로 디자인을 변경해 볼까요?"
"1안보다 2안이 조금 더 낫다는 의견이시지요?"

이처럼 파고드는 질문은 상사의 생각을 끌어내는 열쇠다. 내 마음을 맞춰봐형 상사는 단순히 결정을 미루기만 하는 사람이 아니다. 특정 지시를 내리는 순간 책임이 자신에게 돌아올까 두려워하고, 다른 사람의 입을 빌려 자신의 결정을 정당화하려는 심리가 강하다. 결정을 내리지 못하는 대답 회피형, 책임을 피하고 싶어서 결정하지 않는 나 몰라라형과는 구분해야 한다. 사실상 마음속에는 이미 답이 있지만, 본인이 직접 말하는 순간 책임이 생기기 때문에 끝내 피하려는 것이다. 여기에 상대를 직접적으로 지적해 상처 주는 것을 꺼리는 성향까지 더해져, 결국은 돌려 말하다가 더 큰 혼란을 만든다.

따라서 실무자는 질문으로 방향을 좁혀가되, 단순 추측에 그치지 말고 계획을 먼저 제시하는 방식으로 정리해야 한다. 그래야 일이 산으로 가지 않고, 상사가 반드시 반응하도록 만들 수 있다. 긍정이든 부정이든, 혹은 표정만으로라도 반응하게 되면 일의 방향을 잡아갈 수 있다.

"지면 자료는 보는 사람이 적으니, 파일 형태로 배포할 수 있게 계획을 수정해 보겠습니다."
"올드하지 않게, 푸른색 계열로 산뜻하게 한 번 바꿔보겠습니다."

"2안 위주로 계획을 수정하고, 1안에서 좋아보인다고 말씀하셨던 이벤트는 반영해 보겠습니다."

이 유형의 상사에게서 들을 수 있는 최대의 컨펌은 "그렇게 하세요"라는 짧은 말이다. 반대로 마음에 들지 않을 때는 '알아서 하라'거나, '그렇게 알고 있겠다'는 식의 애매한 답으로 반응한다. 직접적인 지시를 회피하면서도, 강조하는 단어나 고개 끄덕임, 보고에 쏠리는 시선이나 표정 같은 비언어적 반응으로 의중을 드러내는 경우가 많다. 따라서 실무자는 이런 작은 단서를 놓치지 않고 포착해야 한다.

이때 도움이 되는 건 과거 경험이다. 이전에 성공적인 보고가 있었던 순간을 떠올려, 상사가 어떤 단어를 반복하거나 어떤 방식으로 긍정 의사를 표현했는지 복기하는 것이다. 또한 보고가 잦은 부서 직원이나 상사와 가까운 동료에게 힌트를 구하는 것도 좋은 전략이다. 이렇게 하면 상사의 의사 결정 흐름을 파악하고, '얼마나 긍정적인지'를 가늠할 수 있는 중요한 기준점을 확보할 수 있다.

생각을 쉽게 말로 꺼내지 않는 상사와 일할 때는, 억지로 숨은 의도를 짐작하려 애쓰기보다 질문으로 방향을 좁혀가는 것이 훨씬 효율적이다. 그럼에도 모호한 지시가 이어진다면, 상사의 비언어적인 표현까지 함께 읽어내야 한다. 이 유형의 상사는 '정답을 말해주지 않는 대신, 실무자가 스스로 정리한 안을 제시하면 거기에 긍정·부정의 신호를 던지는 방식으로 반응한다. 따라서 이해한 내용을 확인하고, 다음 단계의 계획까지 보고해 '일이 정리되고 있다'라는 느낌을 주는 것이 중요하다.

보고를 마무리할 때가 특히 중요하다. 일을 끝맺을 때까지 할 일을 정확히 알리고 확인받는 것이 효과적이다.

"보고드린 대로 결과 보고서 상신하겠습니다. 오늘 중에만 결재 부탁드립니다."
"PDF 파일은 홈페이지에 업로드해서 누구나 자유롭게 다운받을 수 있게 하겠습니다."

생각의 차이가 오해를 만들고, 오해가 쌓이면 일이 지체된다. 반대로 작은 힌트를 근거 삼아 상사의 의중을 확인하고, 다음 단계로 넘어가는 보고 습관을 들이면 일은 추진력을 얻는다. 생각을 말하지 않는 상사와의 일은 피곤할 수 있지만, 그 속에서 단서를 찾아내고 확인하는 과정이 곧 실무자의 성장 자산이 된다.

정답을 묻는 대신, 단서를 근거로 답을 끌어내 보자.

관찰 센스: 상사가 자주 했던 말을 떠올리고, 최근 보고 경험이 있는 동료에게 정보를 구하라.

준비 센스: 모호한 지시에도 대비해 방향을 좁혀갈 수 있는 질문과 대안을 미리 준비하라.

표현 센스: "보고드린 대로 오늘 중 상신하겠습니다"처럼 정리된 계획을 명확히 말해 확신을 주어라.

업무 센스: 모호한 지시를 구체적인 질문과 선택지로 좁혀가라.

지시받은 일을 반드시 기록으로 남기세요

상사 "우리 회의는 9월 20일 아니었나? 나한테 20일이라고 했었는데?"

"자료를 검토해서 보내주기로 했다고? 내가? 파일 다시 보내줘 봐요."

날짜를 몇 번째 이야기하는지, 같은 파일을 몇 번째 다시 보내는지, 실무자는 속이 바짝 타들어 간다. 보고서는 늘 버전 20은 넘어가야 하고, 결국은 1번 안에서 조금 수정한 정도의 결론으로 돌아오곤 한다. 이랬다저랬다 하며 실무자를 흔드는 상사 앞에서는 늘 조마조마하다. '내가?', '언제?', '못 들었는데?'라는 말이 반복되면 상사가 아니라 막냇동생을 상대하는 기분마저 든다.

그런데 이런 상사들이 정말로 기억을 못 하는 걸까? 한두 번이야 단순 실수일 수 있다. 하지만 반복되면 단순 건망증이 아니라는 생각이 든다. '깜빡한 척'은 체면과 책임을 지키려는 심리에서 비롯된다고 생각한다. 자신이 지시한 내용을 잊었다고 인정하면 권위가 손상된다고 느끼거나, 이미 내린 결정이 불안해지면 말을 바꾸고 싶지만 직접 다시 하라고 하기 어려워 '기억이 안 난다'는 방패를 쓰는 것이다. 결국 이 유형은 '기억력 부족'보다 '책임 회피'와 '권위를 지키고 싶은' 욕구가 강하다.

이미 결정된 사안인데도 시간이 지나 불안감이 올라오면 말을 바꾸는 상사가 있다. "그건 어렵겠다"라는 식으로 사실상 일을 다시 해야 하는 상황을 만드는 것이다. 직접적으로 다시 하라고 말하기엔 부담스러우니, "기억이 나지 않는다"는 표현을 방패 삼아 일을 원점으로 되돌려 놓는다. 그 순간은 맞다고 생각했지만, 시간이 지나 확신이 사라지면 책임을 피하고 싶어지는 것이다. 결국 이런 태도는 온전한 책임을 지기보다 위험 부담을 분산시키려는 심리에서 비롯된다. 그래서 기억 상실형 상사는 단순 건망증보다 체면, 권위, 책임 회피가 더 큰 작용을 한다.

문제는 실무자다. 더 큰 권한을 가진 상사가 이렇게 태도를 바꾸면, 억울하고 답답한 일이 수시로 생긴다. 그래서 이 유형의 상사와 일할 때는 반드시 기록을 남겨 근거를 확보하고, 필요할 때 유연하게 상기시켜 주는 것이 핵심이다. 그때는 맞았지만, 지금은 확신이 없는 마음을 숨기고 있을지도 모르기 때문이다.

대면 보고 자리에서는 업무노트를 준비해서, 상사도 볼 수 있을 정도로 크게 메모하는 습관이 필요하다. 모든 내용을 받아쓰듯 적으면 대화 흐름이 끊길 수 있으니, 핵심 키워드 중심으로 메모하는 것이 좋다. 명사와 동사 위주로 짧게 기록하면 보고를 이어가면서도 무리 없이 메모할 수 있다. 이때 이해한 내용을 요약하는 게 아니라 상사가 표현한 말로 기록해야 의사소통의 오류를 줄일 수 있다. 노트북이나 태블릿 PC로 기록한다면, 보고 직후 바로 화면을 보여주거나 파일을 공유하면 효과적이다. 그리고 방을 나서기 전, 꼭 중요한 결

   PART 3 상사도 훔쳐보는 '상사 유형별' 보고 센스

정을 다시 한번 짚어야 한다.

"회의 일정은 10월 14일 화요일, 시간은 참석자들 일정 조사 후 확정하고, 계획안 결재는 이번 주 중에 상신하겠습니다. 그리고 영업팀에서 두 명 이상 회의에 참석하라는 지시 사항 전달하겠습니다."

이처럼 말로 재확인하면 상사도 본인이 한 결정을 다시 떠올리게 되고, 이후 말을 바꾸기가 훨씬 어려워진다.

업무노트에 적은 내용은 자리에 돌아온 뒤 반드시 정리해 메신저로 공유해야 한다. 그래야 상사가 말을 바꾸더라도 근거가 남는다.

> 실장님, ○○회의 지시 사항과 업무 진행 상황 보고드립니다.
> - 일정: 10.14.화 / 참석자들 가능한 시간 조사 후 시간대 확정 예정(조사 진행 중)
> - 결재: 시간대까지 확정 후 이번 주 내로 문서 상신
> - 지시 사항: 영업팀 2명 이상 회의 참석, 해당 내용은 영업 팀장에게 전달 완료했습니다.

> 실장님, 내년도 '해외 박람회 참여 계획'은 말씀해 주신 대로 상반기 내 개최하는 박람회 위주로 검토하고 5천만 원 이내 예산으로 계획해서 보고드리겠습니다.

그런데 수신자를 상사 한 명으로만 설정하면 곧바로 "기억 안 나는데?", "메신저 못 받았는데?"라는 레퍼토리가 등장할 수 있다. 이때는 반드시 참조인을 포함해야 한다. 상사와 중간 관리자, 관련 부서원을 함께 지정해 두면 기억을 부인하기 어렵다.

예를 들어, 부서 회의에서 상사가 "다음 주 아니었어? 내가 확정하지 않은 것 같은데"라고 말했을 때, 참조인으로 보고 메시지를 받아둔 동료 덕분에 위기를 넘긴 경험이 여러 번 있다.

"실장님, 지난번 컨펌하셨던 메신저 쪽지 확인해 보시면 날짜, 시간 다 맞습니다."

이때 상사의 체면을 지켜주려면, "같은 날 ○○행사가 있는데, 시간이 비슷 헷갈리셨을 거예요"라고 한마디를 더하면 된다. 물론 내가 동료의 조력자가 되어야 할 때도 많다. 같은 처지에 놓인 동료끼리는 이런 순간이 진정한 전우애를 확인하는 시간이다.

특히 기억 상실형 상사는 자신감 있고 단호하게 "그날이 아니지 않나?"라고 말하기 때문에 실무자가 위축되기 쉽다.

하지만 이 패턴이 반복되면 상사는 기억을 떠올리려는 최소한의 노력조차 하지 않게 되고, '아닐 걸요?'라는 말만 더 쉽게 남발한다. 그래서 중요한 건 말보다 기록이다. 기록으로 남기고, 기록으로 확인해야 한다. 이 습관이 쌓이면 상사도 "저 사람 앞에서는 쉽게 발뺌할 수 없다"는 인식을 하게 되고, 점차 함부로 책임을 회피하기 어려워진다.

아주 작은 기록 습관 하나가 억울함을 예방하고, 일의 완성도를 높이는 힘이 된다. 기억보다 기록이, 감정보다 원칙이 당신을 지켜줄 무기가 된다. 그리고 언젠가는 상사에게서 이런 말을 들을 수 있을 것이다.

"아, 그랬었군요. 확인시켜 줘서 고마워요."

결국, 기억 상실형 상사와 일할 때 중요한 건 억울해하지 않고 체계적인 기록 습관으로 대응하는 것이다. 기억을 탓하는 순간 실무자는 소모적 감정에 휘말리고, 상사는 더욱 방어적으로 변한다. 하지만 근거 있는 기록과 반복 확인은 상사의 불안과 책임 회피 심리를 막아주고, 동시에 실무자의 전문성을 증명한다. 이렇게 축적된 기록은 단순히 한 번의 분쟁을 막는 것이 아니라, 팀 전체의 업무 신뢰도를 높이고 실무자 자신을 '흔들리지 않는 사람'으로 자리매김하게 한다.

기억은 사라지지만 기록은 남는다. 작은 메모와 한 줄 메시지가 당신을 지켜줄 가장 강력한 무기다.

기억보다 기록이, 당신을 끝까지 지켜준다는 것을 잊지 말자.

✳ 관찰, 준비, 표현, 업무 센스 ✳

관찰 센스: 상사가 반복적으로 잊어버리거나 말을 바꾸는 순간을 세심히 포착하라.

준비 센스: 이전 회의 기록, 메신저 화면 등 상사가 기억을 상기할 수 있는 자료를 준비하라.

표현 센스: "실장님, 말씀 주신 대로…"처럼 상사의 말을 근거로 다시 확인하는 멘트를 습관화하라.

업무 센스: 참조인을 포함한 공유 체계를 만들어 상사가 발뺌할 수 없는 환경을 조성하라.

기분파인 상사,
보고 타이밍이 중요합니다

직원　　"아침 회의 때는 크게 화를 내시더니, 오후에는 같은 내용인데도 '좋은 생각이다'라고 하시네요…."

같은 보고를 했는데 상사의 반응이 180도 다를 때, 실무자 입장에서는 어느 장단에 맞춰야 할지 혼란스럽다. 이런 경험이 반복되면, 보고할 때마다 긴장과 눈치가 앞서고 업무 효율도 떨어진다. '기분이 좋으면 다른 것도 보고하고, 아니다 싶으면 이거 한 가지만 보고하자'라며 동행하는 동료와 사전에 협의하는 경우까지 생긴다.

중요한 결재 자리에서 이런 상황은 더 극명하다. 어떤 날은 서류를 보기도 전에 상사가 불편한 기색을 보였다.

"이걸 왜 지금 가져오죠? 미리 검토했어야 하는 거 아닙니까?"

며칠 뒤 약간 수정한 내용을 다시 보고했을 때는 부드럽게 반응한다.

"수고했네요, 고생했겠어요."

상황은 같은데, 상사의 기분에 따라 결과가 달라진 것이다. 기분이 좋을 때는 칭찬을 아끼지 않다가도, 작은 자극에 즉각 부정적으로 반응한다. 같은 내용의 보고가 어떤 날은 칭찬을 받고, 또 다른 날은 질책이 되기도 한다. 이러니 실무자 입장에서는 보고 자체가 부담스러워질 수밖에 없다.

감정의 기복은 업무보다 컨디션이나 사적인 요인에서 비롯되는 경우가 많아, 실무자에게는 예측 불가능하고 미성숙한 태도로 받아들여질 수 있다. 여기에 이 유형은 주변 반응에도 예민해 부정적인 반응에는 과민하게, 긍정적인 반응에

 ∘∘∘　　　PART 3 상사도 훔쳐보는 '상사 유형별' 보고 센스

는 과도하게 호응을 요구하기도 한다. 실무자는 보고 내용보다 상사의 기분을 먼저 살피느라 정작 일에 집중할 에너지가 분산된다.

이런 상사와 일할 때 가장 중요한 것은 보고 타이밍이다. 중요한 안건은 상사의 기분이 비교적 안정된 시간대를 택하는 것이 좋다. 일반적으로 오전보다는 오후, 회의 직후보다는 차분해진 시간에 보고하는 게 효과적이다. 큰일을 마친 직후에 보고하면 상사가 홀가분한 마음으로 피드백을 주기 때문에 훨씬 수월하다.

또한 보고는 사실과 자료 중심으로 해야 한다. 감정적인 언급이 오갈수록 분위기는 불안정해진다. 근거 자료와 수치 위주로 설명하고, 핵심만 간결하게 말한 뒤 나머지는 서면이나 자료로 보완하는 게 안전하다. 그리고 긍정적인 표현을 곁들이면 도움이 된다.

"지난번에 지적해 주신 덕분에 수정했습니다."

작은 멘트지만 상사의 기여를 인정하는 표현은 불필요한 날카로움을 누그러뜨리고 감정을 가라앉히는 데 효과적이다. 인정받고 싶어 하는 상사의 욕구를 채워 주면, 반대로 실무자가 받을 스트레스는 줄어든다.

마지막으로 작은 배려의 완충 장치를 만들어 보자. 출근 직후 시간이나, 민감한 안건을 보고해야 할 때는 초콜릿 같은 작은 간식을 준비하는 사소한 배려로 분위기를 다르게 만들 수 있다. "회의 준비하시느라 고생 많으셨죠." 한 마디를 곁들여 건네면 더 좋다. 이는 뇌물이 아니라, 실무자가 상사의 기분을 신경 쓰고 있다는 메시지를 담은 '작은 다리 놓기'다.

만약 이런 방법을 쓰지 않는다면, 실무자는 상사의 기분에 휘둘려 같은 내용을 여러 번 수정하거나 보고 기회를 잃기 쉽다. 반대로 타이밍과 표현을 조율하면 불필요한 갈등을 줄이고, 오히려 상사에게 '일관성 있는 보고자'라는 신뢰를 얻을 수 있다.

감정 기복형 상사와 일하는 건, 마치 파도 위를 걷는 것과 같다. 언제 물살이 거세질지 몰라 늘 긴장되지만, 파도 자체를 막을 수는 없다. 중요한 건 흐름을 읽고 균형을 잡는 것이다. 상사의 감정은 내가 통제할 수 없지만, 보고 타이밍·팩트 중심 보고·긍정적 표현·작은 배려는 실무자가 선택할 수 있는 대응 전략이다. 이렇게 한발 앞서 준비하는 순간, 감정 기

복형 상사와의 관계는 두려움이 아니라 관찰력과 표현력을
단련하는 훈련장이 된다.

상사의 기분은 변해도, 나의 센스는 흔들리지 않는다.

관찰 센스: 상사의 기분과 컨디션을 살펴 최적의 보고 타이밍을 선택한다.

준비 센스: 보고 전 자료를 최대한 간결하고 정돈된 상태로 준비하라.
불필요한 자극은 줄이는 것이 우선이다.

표현 센스: "지난번 말씀 덕분에 보완했습니다" 같은 긍정적 표현으로
기분을 완화하라.

업무 센스: 메신저 톤과 답변 속도로 기분을 먼저 살피고, 중요한 보고는
안정된 시간대에 직접 하라

일 센스,
당신의 날개가 됩니다

지금까지의 내용을 읽은 뒤 '그때 해볼 걸, 그게 기회였는데…' 하는 아쉬움, '이걸 어떻게 다 하지?'라는 물음표, '과연 내가 할 수 있을까? 내 상황에서도 이게 통할까?'라는 불안감이 떠오를 수 있다. 해보지 않았으니 이런 감정은 자연스러운 반응이다. 누구나 새로운 길 앞에서는 흔들리기 마련이다.

돌아보면 나 역시 처음부터 잘하진 못했다. 엉뚱한 보고를 했다가 한 주 내내 마음이 무거웠던 날, 상사의 표정에 주눅이 들어 다시는 말하기 싫었던 순간, 동료와 오해가 쌓여 마음이 멀어졌던 기억. 그 모든 시간은 힘들었지만, 결국은 나를 단단하게 만들었다. 시행착오와 실패가 쌓여서 지금의 일 센스를 키워주었다. 그러니 당신의 서투름과 실패도 결코 헛되지 않다.

이걸 꼭 기억해 두면 좋겠다. 센스는 타고나는 재능이 아니라, 매일의 일 속에서 조금씩 길러지는 힘이다. 보고 한 줄, 회의 중 대답 하나, 동료에게 건네는 짧은 인사까지도 당신의 센스를 키운다. 사소해 보이는 순간들이 모여 어느 날 문득 당신에게 힘이 되어줄 것이다. 물론 센스가 필요한 순간이 단순하지 않을 때도 많고, 한 사람의 상사가 다양한 유형의 특성을 가지고 있어 복합적인 센스가 발휘되어야 할 순간도 있을 것이다. 첫술에 배부를 수 없지만, 한번 맛을 보면 꾸준히 이어갈 수 있고 센스도 자연스럽게 체화될 수 있다.

무엇보다 이 책은 누구보다 성실하게 일하는 직장인이 노력에 걸맞은 성과와 인정을 받을 수 있도록 돕기 위해 썼다. 책임감과 태도를 갖춘 사람에게 센스가 더해질 때 비로소 길이 열린다. 반대로 성실함 없이 인정만 바라는 마음가짐으로는 센스도 빛을 내기 어렵다. 혹시 그렇다면 이참에 일과 직장에 대한 마음가짐을 되돌아보고, 진정으로 '능력 있고 센스까지 갖춘 사람'이 되는 길에 나서보면 어떨까.

이제 필요한 건 완벽한 변화가 아니다. 오늘은 보고서를 한 줄 더 간결하게 써보고, 내일은 동료에게 건네는 인사를 조금 더 따뜻하게 바꿔보자. 작은 시도 하나가 내일을 바꾸고, 모이면 당신의 태도를 바꾸며, 결국에는 당신의 커리어를 바꿔놓는다. 혹시 길이 막막하게 느껴지더라도 괜찮다. 당신은 이미 충분히 노력하고 있고, 여기에 일의 한 끗, 센스가 더해질 때 결과는 분명 달라진다.

일 센스는 성실한 직장인일수록 반드시 알아야 할 작은 차이다. 일 센스는 결국 당신의 날개가 될 것이라 믿는다. 그 날개로 당신의 일은 더 가볍게, 당신의 하루는 더 단단하게, 그리고 당신의 커리어는 더 멀리 날아가게 될 것이다. 센스는 남에게 보이기 위한 얄팍한 기술이 아니라, 당신의 내면을 단단히 세워주는 힘이다. 결국 그것은 당신 자신을 지켜주고, 주변을 빛나게 하고, 조직 전체를 앞으로 나아가게 만든다. 그러니 이제는 주저하지 말고, 당신의 날개를 펼쳐라. 일 센스는 분명, 당신이 더 멀리 나아가도록 돕는 가장 든든한 힘이 되어줄 것이다.

이 책이 그 길 위에서 당신의 작은 동반자가 되기를 바란다. 가끔 책장에서 꺼내 다시 펼쳐 필요한 부분을 확인하고,

  ∘∘∘   나가는 말

오늘의 자리에서 시도해 보자. 책 속 사례 하나, 문장 하나가 당신의 내일이 조금씩 달라지는 데 도움이 되기를 바란다.

누군가 늘 곁에서 코치해 주지 않아도, 이 기록이 당신의 사수가 되어줄 것이다.

진심으로, 끝까지 당신을 응원하겠다.

일의 한 끗

초판 1쇄 발행 2026년 3월 18일

지은이 김경미
브랜드 경이로움
출판 총괄 안대현
책임편집 이수빈
편집 김효주, 심보경, 정은솔, 이제호
마케팅 김윤성
표지디자인 스튜디오 보글
본문디자인 윤지은

발행인 김의현
발행처 (주)사이다경제
출판등록 제2021-000224호(2021년 7월 8일)
주소 서울특별시 강남구 테헤란로33길 13-3, 7층(역삼동)
홈페이지 cidermics.com
이메일 gyeongiloumbooks@gmail.com(출간 문의)
전화 02-2088-1804　**팩스** 02-2088-5813
종이 다올페이퍼　**인쇄** 재영피앤비
ISBN 979-11-94508-76-2 (03190)